Springers
Angewandte Informatik
Herausgegeben von Helmut Schauer

Programmentwicklung und Verifikation

Gerald Futschek

Springer-Verlag Wien New York

Dipl.-Ing. Dr. techn. Gerald Futschek
Technische Universität Wien

Das Werk ist urheberrechtlich geschützt.
Die dadurch begründeten Rechte, insbesondere die der Übersetzung, des Nachdruckes, der Entnahme von Abbildungen, der Funksendung, der Wiedergabe auf photomechanischem oder ähnlichem Wege und der Speicherung in Datenverarbeitungsanlagen, bleiben, auch bei nur auszugsweiser Verwertung, vorbehalten.

© 1989 by Springer-Verlag/Wien

ISSN 0178-0069
ISBN-13:978-3-211-81867-1   e-ISBN-13:978-3-7091-8795-1
DOI: 10.1007/978-3-7091-8795-1

Vorwort

Die Programmentwicklung hat sich in den beiden letzten Jahrzehnten von einer Kunst zu einer Wissenschaft des Programmierens gewandelt. Das "Kunstwerk" Programm konnte früher nur durch Testen mit einigen wenigen ausgewählten Testdaten "verifiziert" werden. Der Nachweis der Fehlerfreiheit für alle möglichen Daten mußte damals allerdings unterbleiben. Mit der Entwicklung brauchbarer Methoden zur formal exakten Spezifikation und formalen Beschreibung der Wirkung von Programmen sind Programme und Spezifikationen zu mathematischen Objekten geworden. Es kann dadurch ein mathematischer Beweis geführt werden, der die Übereinstimmung der spezifizierten mit der tatsächlichen Wirkung formal exakt verifiziert. Dieser Beweis wird aber nicht erst nach Fertigstellung eines Programms geführt, sondern es wird bereits bei der Programmentwicklung jeder Beweisschritt Hand in Hand mit den entsprechenden Programmschritten entwickelt.

Wesentlichen Anteil an dieser Entwicklung hatte C. A. R. Hoare, der mit seiner axiomatischen Methode der Semantikdefinition die Grundlage für eine einfache Beschreibung der Wirkung von Programmen lieferte. So hatte er bereits 1971 die Semantik der Programmiersprache PASCAL mit seiner Methode auf wenigen Seiten definiert. E. W. Dijkstra wies in seinem Buch "A Discipline of Programming" den Weg in Richtung Programmentwicklung mit gleichzeitiger, gegenseitig befruchtender Entwicklung der Verifikation. D. Gries führte Dijkstras Ideen in seinem Buch "The Science of Programming" zu einer eigenen Wissenschaft weiter.

Dieses Buch wendet sich an Softwareingenieure, die einen Einblick in diesen neuen Wissenschaftszweig gewinnen wollen. Es werden vom Leser keine besonderen Vorkenntnisse erwartet, außer etwas Erfahrung in der Programmierung mit höheren, strukturierten Programmiersprachen. Der Leser soll in die Lage versetzt werden, die Wirkung von Programmen mit Hilfe von Zusicherungen, die statisch an bestimmten Stellen im Programm erfüllt sind, beschreiben zu können. Er soll weiters aus gegebenen Spezifikationen entsprechende Programme zielgerichtet entwickeln können. Die Programme in diesem Buch sind meist programmiersprachenunabhängig in Form von Struktogrammen beschrieben, wobei die Zusicherungen in Strukturblöcken mit abgerundeten Ecken geschrieben werden. Diese Erweiterung der Struktogramme mit Zusicherungen stammt von Prof. Dr. H. Schauer.

Mein Dank gilt zunächst dem Springer-Verlag, der es mir ermöglichte, dieses Buch zu schreiben. Den gesamten Computersatz und das Layout habe ich selbst mit dem Programm MS-Word auf einem Macintosh-Computer mit Laser-Drucker hergestellt. Ich bedanke mich insbesondere bei meinen Lehrern Prof. Dr. W. Barth und Prof. Dr. H. Schauer, die mein Interesse auf dieses Fachgebiet gelenkt haben und mich zum Schreiben dieses Buches ermuntert haben. Für die Korrektur des Manuskriptes möchte ich mich bei den Diplomanden W. Mokesch und W. Laßnig bedanken, sowie bei meinem Kollegen Dipl.-Ing. Harald Müller insbesondere für seine zahlreichen Anregungen und Verbesserungsvorschläge. Mein herzlichster Dank gilt meiner lieben Frau, die mich stets ermutigt und sogar meine Manuskripte korrekturgelesen hat.

Wien, Neujahr 1989   Gerald Futschek

Inhalt

1. **Warum Verifizieren von Programmen?** 1
   1.1 Korrektheit von Programmen 2
   1.2 Verifizieren versus Testen von Programmen 3
   1.3 Programme gleichzeitig entwickeln und verifizieren ... 4
   1.4 Für und wider Verifizieren 5
2. **Einführende Beispiele** 6
   2.1 Mischen zweier sortierter Karteikartenstapel 6
   2.2 Diskussion der Art der Präsentation des Verfahrens 9
   2.3 Sortieren durch Mischen 12
   2.4 Invarianten als Lösung von Rätselaufgaben 15
       2.4.1 Weinpantschen 15
       2.4.2 Hofstadters MU-Rätsel 16
3. **Zusicherungen (Assertions)** 19
   3.1 Zusicherungen als Dokumentation von Programmen ... 19
   3.2 Die Sprache der Zusicherungen 21
       3.2.1 Zusicherungen als Boolesche Ausdrücke 22
       3.2.2 Die Zusicherungen true und false 23
       3.2.3 Zusicherungen mit Quantoren 24
       3.2.4 Selbstdefinierte Prädikate 28
       3.2.5 Selbstdefinierte arithmetische Funktionen 29
4. **Programmzustände und Zustandsraum** 31
   4.1 Der Zusammenhang zwischen Zuständen und
       Zusicherungen 32
   4.2 Programme als Abbildungen im Zustandsraum 34
5. **Spezifizieren von Programmen** 36
   5.1 Spezifizieren mit Pre- und Postcondition 36
   5.2 Beispiele für Spezifikationen 37
6. **Verifikationsregeln (Verification rules)** 49
   6.1 Konsequenz-Regeln 50
   6.2 Die Zuweisung 54
       6.2.1 Die Zuweisung an eine einfache Variable 54
       6.2.2 Die Mehrfachzuweisung 55
   6.3 Die Sequenz 56
   6.4 Die Alternative (if-Anweisung) 59
   6.5 Die Iteration (Schleife) 61
       6.5.1 Die while-Schleife 61
       6.5.2 Die repeat-Schleife 67
   6.6 Termination von Schleifen 72
   6.7 Verifikation der while-Schleife 75

7. **Entwickeln von Schleifen** 77
    7.1 Entwickeln einer Schleife aus einer gegebenen Invariante und Terminationsfunktion 77
    7.2 Entwickeln von Invarianten aus gegebenen Spezifikationen 78
        7.2.1 Die Invariante als Verallgemeinerung der Postcondition 78
        7.2.2 Weglassen einer Bedingung 80
        7.2.3 Konstante durch Variable ersetzen und Bereich der Variablen angeben 84
        7.2.4 Kombinieren von Pre- und Postcondition 88
8. **Die schwächste Precondition (weakest precondition)** 90
    8.1 Verifikation mit wp 93
    8.2 Die wp der einzelnen Anweisungen 94
        8.2.1 wp der Leeranweisung 94
        8.2.2 wp der Zuweisung 94
        8.2.3 wp der Mehrfachzuweisung 95
        8.2.4 wp der Sequenz 96
        8.2.5 wp der Alternative 97
        8.2.6 wp der Iteration 97
    8.3 Die wp als Prädikatentransformation 100
    8.4 Definition der Semantik mit Hilfe der schwächsten Precondition 100
    8.5 Eigenschaften der wp 101
    8.6 Die schwächste Precondition für die Termination 103
9. **Beispiele für Programmentwicklungen** 106
    9.1 Sortieren von Feldern 106
        9.1.1 Sortieren durch direktes Einfügen 108
        9.1.2 Sortieren durch Minimumsuche 109
    9.2 Binäre Suche in einem Feld 110
    9.3 Die Datenstruktur Heap (Halde) 112
    9.4 Heapsort 119
    9.5 Die M kleinsten Elemente von N Elementen 120
    9.6 Maximaler Kursgewinn bei Wertpapieren 126
10. **Unterprogramme (Prozeduren)** 130
    10.1 Die Prozedurdeklaration 130
    10.2 Der Prozeduraufruf 132
    10.3 Die schwächste Precondition des Prozeduraufrufs 133
    10.4 Verifikation des Prozeduraufrufs 134
    10.5 Spezifikation des Prozedurrumpfes mit externen Variablen 136
    10.6 Verwendung von Variablen-Parametern 137
    10.7 Eine verallgemeinerte Konsequenz-Regel 138

11. Invertieren von Programmen 142
    11.1 Beispiele für inverse Anweisungen 143
    11.2 Invertieren der zusammengesetzten Anweisung 144
    11.3 Invertieren der alternativen Anweisung 144
    11.4 Invertieren von Schleifen 145
    11.5 Eine Analogie zum täglichen Leben 148
12. Parallele Programme 149
    12.1 Zusammensetzen von parallelen Programmen 150
    12.2 Beispiele für parallele Programme 151
        12.2.1 Summe der Elemente eines Feldes 151
        12.2.2 Skalarprodukt zweier Vektoren 156
        12.2.3 Matrixmultiplikation 156

Anhang

    A. Lösungen der Aufgaben 158
    B. Syntax der Zusicherungen 172
    C. Verifikationsregeln und wp 174
    D. Aufwand von Verfahren 177

Literaturverzeichnis 179
Sachverzeichnis 181

1. Warum Verifizieren von Programmen?

Die Aufgabe der Softwareentwicklung ist das Überbrücken der Kluft zwischen der für den Menschen verständlichen, abstrakten und informalen Idee für ein Programm (Aufgabenstellung) und dem formalen, auf einem Computer ablauffähigen Programm.

In der Programmentwicklungslandschaft werden auf den Achsen die sprachliche Freiheit und der Abstraktionsgrad aufgetragen. Dies sind jene beiden Dimensionen, die bei der Softwareentwicklung überwunden werden müssen. Jeder Pfad von der Idee bis zum fertigen Programm entspricht einem Programmentwicklungsprozeß.

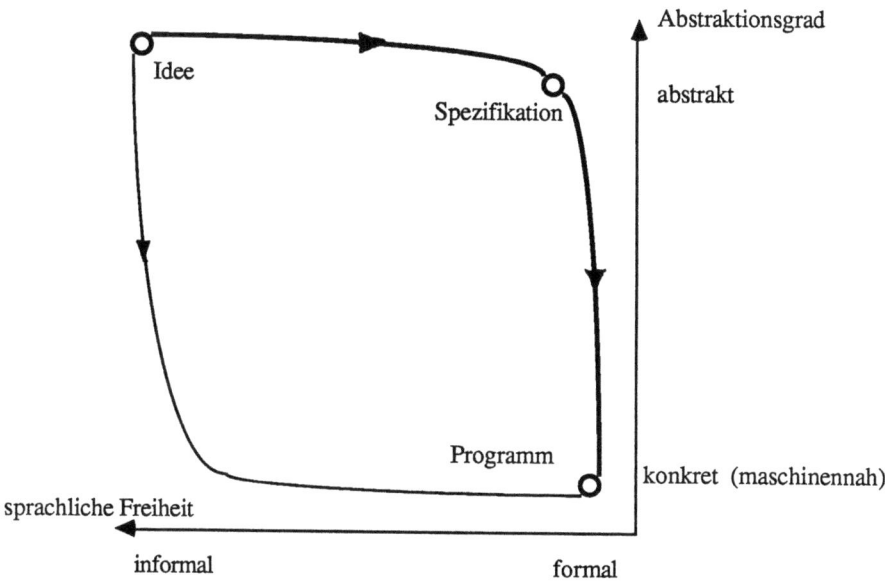

Konventionellerweise wird meist versucht, zuerst mit informalen Methoden möglichst rasch konkret zu werden (Struktogramme, Pseudo-Code etc.), um erst anschließend das formale und ablauffähige Programm herzustellen. Eine formale Überprüfung, ob das fertige Programm der ursprünglichen Idee entspricht, ist bei dieser Vorgangsweise nicht möglich, da nur das endgültige Programm den formalen Ansprüchen einer mathematisch exakten Verifikation entspricht.

Wird hingegen zuerst die Dimension der sprachlichen Freiheit überbrückt, erhält man auf sehr hohem, abstraktem Niveau aus der informalen Idee eine formale Spezifikation, die aber noch nicht ablauffähig ist. Aus dieser Spezifikation wird in der eigentlichen Programmentwicklung das ablauffähige Programm erstellt. Das fertige Programm muß die gleiche Wirkung (Semantik) haben wie die in der Spezifikation beschriebene Wirkung. Das Überprüfen der Übereinstimmung der Semantik von Spezifikation und Programm wird als Verifikation bezeichnet. Es kann nur dann mathematisch exakt verifiziert werden, wenn sowohl die Spezifikation als auch das Programm formal beschrieben sind.

1.1 Korrektheit von Programmen

Ein Programmfehler liegt genau dann vor, wenn das Programm eine andere Wirkung hat, als in der Spezifikation definiert wurde. Dementsprechend wird ein Programm als korrekt bezeichnet, wenn es keine Fehler enthält. Wesentliches Ziel jeder Programmentwicklung ist daher die Korrektheit des erstellten Programms. Fehlerhafte Programme sind eine wichtige Ursache der Softwarekrise. Weltweit entfallen vom gesamten Aufwand der Softwareproduktion etwa 30% auf die Entwicklung neuer Programme und 70% auf die Fehlerbehebung und Weiterentwicklung alter Programme. Etwa 3% (!) aller Codezeilen müssen wegen Fehlern oder mangelnder Funktion erst nach Abschluß der Entwicklung verbessert werden. Aufgrund dieser hohen Fehlerrate kann man annehmen, daß es kein fehlerfreies Programm in vernünftig großem Umfang gibt. Der Trend nach immer größeren und leistungsfähigeren Programmsystemen verringert die Wahrscheinlichkeit, ein fehlerfreies Programm anzutreffen, praktisch auf Null.

Je früher ein Fehler im Softwareentwicklungsprozeß entdeckt wird, desto geringer sind die Kosten der Fehlerbehebung. Fehler, die noch während der Entwicklung entdeckt werden, verursachen nur etwa 5% der Kosten, die entstehen würden, wenn diese Fehler erst beim praktischen Einsatz des Programms gefunden werden. Aus diesen Gründen amortisiert sich ein größerer Aufwand während der Entwicklung, da die Wartungskosten der fertigen Programme geringer werden.

Durch das Verwenden einer Programmentwicklungsmethode, mit deren Hilfe zielorientiert aus Spezifikationen korrekte, also fehlerfreie, Programme entwickelt werden können, kann der Wartungsaufwand gesenkt werden. Die Existenz einer exakten Spezifikation der Aufgabenstellung ist dabei zum Überprüfen der Korrektheit unbedingt erforderlich.

1.2 Verifizieren versus Testen von Programmen

Testen und Verifizieren sind die beiden wichtigsten Prinzipien, mit denen versucht wird, die Fehlerfreiheit eines Programms zu überprüfen. Beide Methoden sollen die semantische Übereinstimmung zwischen Spezifikation und Programm feststellen.

Beim Testen wird für *einige* möglichst gut ausgewählte Testdaten das Programm ausgeführt und beobachtet, ob die gewünschte Wirkung erzielt wird. Programme können meist nicht für die üblicherweise überaus große Anzahl *aller* möglichen Kombinationen von Eingabedaten getestet werden. Testen liefert demnach niemals Gewißheit über die Korrektheit des Programms für die noch nicht getesteten Eingabedaten.

Das *Verifizieren* ist hingegen eine formal exakte Methode, um die Konsistenz zwischen Spezifikation und Programm für *alle* in Frage kommenden Anfangsdaten zu *beweisen*. Es wird die Korrektheit der Programme für alle verschiedenen Programmabläufe, die durch sämtliche unterschiedlichen Anfangsdaten zustandekommen, bewiesen. Man erreicht durch Verifizieren daher eine wesentlich größere Sicherheit bezüglich der Fehlerfreiheit von Programmen als durch Testen.

Eine hundertprozentige Gewißheit über die Fehlerfreiheit kann aber trotzdem nicht erreicht werden, denn auch beim Beweisen selbst können Fehler auftreten. Diese Fehler lassen sich zwar durch sorgfältiges Arbeiten oder Computerunterstützung reduzieren, aber nicht mit Sicherheit vollständig ausschließen. Der mathematisch exakte Korrektheitsbeweis und das Testen stellen jedoch zwei grundsätzlich verschiedene Ansätze dar. Werden sie gleichzeitig verwendet, ergänzen sie einander beim Reduzieren der Fehlerwahrscheinlichkeit.

Verifizieren ist einerseits zwar wesentlich aufwendiger als bloßes Testen, bringt aber andererseits mehr Gewißheit über die Korrektheit des Programms. Bedenkt man, daß trotz ausführlichem Testen der überwiegende Teil der finanziellen Ausgaben von Softwarehäusern für die Beseitigung von Fehlern in Programmen aufgewendet werden, die sich bereits in Produktion befinden, erkennt man die ökonomische Bedeutung fehlerfreier Programme. Es werden daher bereits bei der Programmentwicklung höchste Anforderungen an das Qualitätsmerkmal Korrektheit gestellt. Die Verifikation wird aus diesem Grund trotz größeren Zeitaufwandes und größeren Schwierigkeitsgrades in Betracht gezogen werden müssen.

In bestimmten Sonderfällen kann ein Programm jedenfalls nur durch formales Verifizieren, aber nicht durch Testen auf seine Fehlerfreiheit überprüft werden. Für Programme, die besonders lange, etwa mehrere Monate, dauern, bis sie terminieren, wären mehrere Testläufe zu zeitaufwendig. Ebenso kann man nicht testen, ob ein Programm terminiert, wenn man nicht weiß, wie lange man warten soll.

1.3 Programme gleichzeitig entwickeln und verifizieren

Das vorrangige Ziel der Programmentwicklung ist das Herstellen korrekter Programme. Bei zielorientiertem Vorgehen muß sich die Programmentwicklung insbesondere an der Spezifikation orientieren, damit das zu erstellende Programm die spezifizierte Wirkung erhält.

Um die Korrektheit des fertigen Programms garantieren zu können, müssen schon bei der Programmentwicklung alle Korrektheitsargumente gesammelt werden. Jeder Entwicklungsschritt hat sich unter Beibehaltung der in der Spezifikation festgelegten Wirkung dem Ziel eines ablauffähigen Programms anzunähern. Die bei der Entwicklung anfallenden Korrektheitsargumente müssen dann nur zu einem vollständigen Korrektheitsbeweis zusammengefügt werden.

Das Verifizieren von Programmen nach deren Fertigstellung ist schwieriger, da dann die wesentlichen Ideen des Programmierers bei der Programmerstellung wieder nachvollzogen werden müssen. Das Verifizieren sollte also Hand in Hand mit der Programmentwicklung erfolgen. Bei der Programmentwicklung kennt man bereits jene Grundideen der Programme, die das Verifizieren erleichtern. Andererseits liefert gerade die Verifikation wesentliche Anhaltspunkte für eine zielorientierte, effiziente Programmentwicklung.

Da umfangreiche Programme wesentlich aufwendiger zu verifizieren sind als kurze Programme, empfiehlt es sich, größere Programmsysteme zuerst in überschaubare, einfachere Programmteile zu zerlegen und dann die einzelnen Programmteile gemeinsam mit der Verifikation zu entwickeln.

Eine strukturierte Programmiersprache, deren Semantik formal exakt definiert ist, ist wesentliche Voraussetzung für die Verifikation. Diese Voraussetzung ist für Programmiersprachen wie PL/I oder PASCAL gegeben.

Derzeit gibt es weltweit größte Anstrengungen, den Programmentwicklungsprozeß zu automatisieren. Es werden Tools zur Unterstützung des Programmierers und Programmgeneratoren entwickelt, die aus einer gegebenen Spezifikation möglichst automatisch ein entsprechendes Programm erzeugen. Für die Entwicklung dieser Systeme ist die Kenntnis der Programmentwicklungs- und Verifikationsmethoden unbedingt notwendig.

In der Algorithmentheorie wird mit mathematischen Methoden bewiesen, daß sowohl die Entwicklung als auch die Verifikation von *beliebigen* Programmen *nicht* vollautomatisch durchgeführt werden können. Trotzdem kann die Verifikation für *einzelne* Programme automatisiert und für bestimmte Klassen von Programmen können Methoden für eine automatische Entwicklung angegeben werden.

1.4 Für und wider Verifizieren

Zusammenfassend können folgende Vor- und Nachteile einer mathematisch exakten Verifikation aufgelistet werden:

Die Verifikation

- \+ liefert Gewißheit über die Korrektheit für sämtliche Eingabedaten

- − verursacht wesentlich mehr Arbeitsaufwand als das Testen

- \+ verschafft tiefere Einsichten in das Programm und ermöglicht das Verstehen des Programms

- \+ unterstützt zielorientierte Programmentwicklung

- +/− ist intellektuell anspruchsvoll

- − ist nicht vollautomatisch durchführbar

- \+ kann gemeinsam mit der Programmentwicklung durchgeführt werden

- − ist bei fertigen Programmen im nachhinein schwerer durchführbar

- \+ reduziert die Kosten für Fehlersuche und Wartung

- \+ dokumentiert das Programm

Die größere Gewißheit, daß die Programme korrekt sind, wiegt bei wichtigen Programmen sicherlich den Nachteil des größeren Aufwandes auf.

2. Einführende Beispiele

Verfahren zur Manipulation von Karteikarten eignen sich sehr gut als einführende Beispiele in die Methodik der Programmentwicklung und Verifikation. Diesen Algorithmen geht zwar die Exaktheit von Programmiersprachen ab, sie zeigen jedoch die grundlegenden Prinzipien der Methodik überaus deutlich auf.

2.1 Mischen zweier sortierter Karteikartenstapel

Aufgabenstellung:

Gegeben sind zwei Stapel Karteikarten, auf denen Name, Anschrift, Telefonnummer usw. verschiedener Personen vermerkt sind. Beide Stapel sind nach den Namen steigend sortiert. Der alphabetisch erste Name steht daher auf der obersten Karte und der alphabetisch letzte Name auf der untersten. Da die Namen wie in einem Lexikon alphabetisch steigend geordnet sind, nennen wir einen Namen x kleiner als einen Namen y, wenn x im Alphabet vor y kommt. Insbesondere ist der alphabetisch erste Name der kleinste und der alphabetisch letzte Name der größte.

Ziel ist es, ein Verfahren zu finden, das aus den Karten der beiden sortierten Kartenstapel *einen* einzigen sortierten Kartenstapel herstellt.

Beispiel:

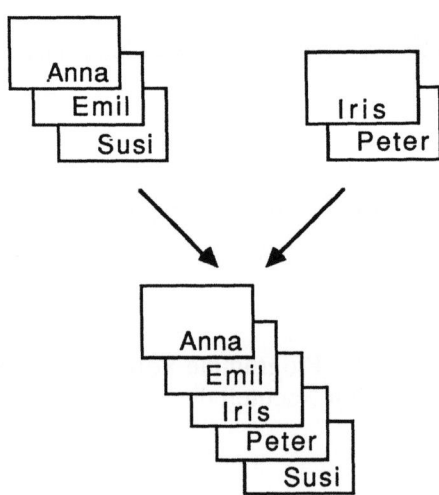

2. Einführende Beispiele

Lösung der Aufgabe:

Vor dem Verfahren haben wir zwei sortierte Stapel vor uns, nach dem Verfahren einen einzigen sortierten Stapel. Dies bringt uns zu der Idee, während des Verfahrens stets *drei* sortierte Stapel zu betrachten. Nach jedem Schritt des Verfahrens soll folgende Bedingung P erfüllt sein:

P: die Karten der beiden ursprünglichen Stapel sind auf drei *sortierte* Kartenstapel verteilt und

    der *linke* Stapel enthält nur Karten aus dem ersten ursprünglichen Stapel

    der *mittlere* Stapel enthält Karten aus beiden ursprünglichen Stapeln

    der *rechte* Stapel enthält nur Karten aus dem zweiten ursprünglichen Stapel

Zu Beginn des Verfahrens liegt der erste ursprüngliche Stapel auf der linken Seite, der zweite auf der rechten Seite. Der mittlere Stapel ist am Anfang leer.

Durch die Vereinbarung, daß *leere* Stapel, die keine einzige Karte enthalten, sortiert sind, ist die Bedingung P auch vor dem Verfahren erfüllt, wenn keine einzige Karte in der Mitte liegt. Das Konzept der leeren Stapel ermöglicht darüber hinaus auch das Mischen eines nichtleeren Stapels mit einem leeren Stapel und sogar das Mischen zweier leerer Stapel.

Die Aufgabe ist *beendet*, wenn sowohl der linke als auch der rechte Stapel leer sind. Dann befinden sich alle Karten auf dem mittleren Stapel, der sortiert ist, weil noch immer P gilt.

Dieses Ziel *wird erreicht*, indem in jedem Schritt mindestens eine Karte vom linken oder rechten Stapel zum mittleren Stapel hinzugefügt wird.

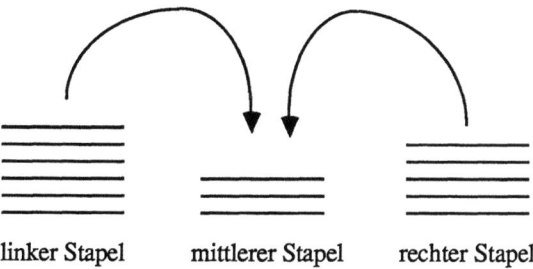

linker Stapel   mittlerer Stapel   rechter Stapel

Dafür, daß die Karten der beiden äußeren Stapel nicht aufwendig in den sortierten mittleren Stapel eingefügt werden müssen, sorgt eine weitere Bedingung P_1, die auch stets erfüllt sein soll:

P_1: *alle* Karten des mittleren Stapels kommen im Alphabet *vor* allen Karten des linken und *vor* allen Karten des rechten Stapels.

Diese Bedingung bleibt erfüllt, wenn stets die kleinste Karte der beiden äußeren Stapel mit der Aufschrift nach unten auf den mittleren Stapel gelegt wird. Da es leichter ist, einzelne Karten an oberster Stelle auf einen Stapel zu legen, als an unterster Stelle eine Karte einzufügen, bauen wir den mittleren Stapel mit der Beschriftung nach unten auf. Am Ende des Mischens wird dann der mittlere Stapel umgedreht, sodaß die kleinste Karte mit der Aufschrift nach oben zu liegen kommt.

Der *Ablauf* des Verfahrens kann in einem Struktogramm formuliert werden:

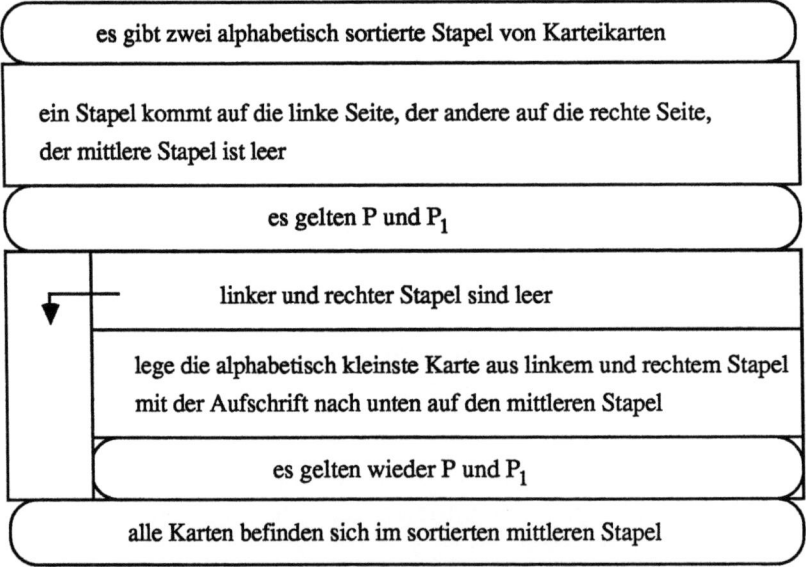

In den abgerundeten Strukturblöcken stehen Bedingungen, die an den entsprechenden Stellen bei jedem Ablauf des Verfahrens gelten. Diese Bedingungen werden daher auch als Zusicherungen bezeichnet.

Da der linke und der rechte Stapel sortiert sind, ist die kleinste Karte aus beiden Stapeln die kleinere der beiden obersten Karten. Diese wird in jedem Schritt mit der Aufschrift nach unten auf den mittleren Stapel gelegt.

Hat einer der beiden äußeren Stapel keine Karten mehr, ist er also leer geworden, so ist die kleinste Karte der äußeren Stapel die oberste Karte des nichtleeren Stapels. In diesem Fall kann allerdings sofort der gesamte nichtleere Reststapel auf den mittleren Stapel gelegt und damit das Verfahren beendet werden.

Diese Optimierung führt zu einem Verfahren, bei dem die Schleife schon dann beendet wird, wenn einer der beiden äußeren Stapel leer geworden ist, da anschließend sofort der andere Stapel auf den mittleren gelegt werden kann.

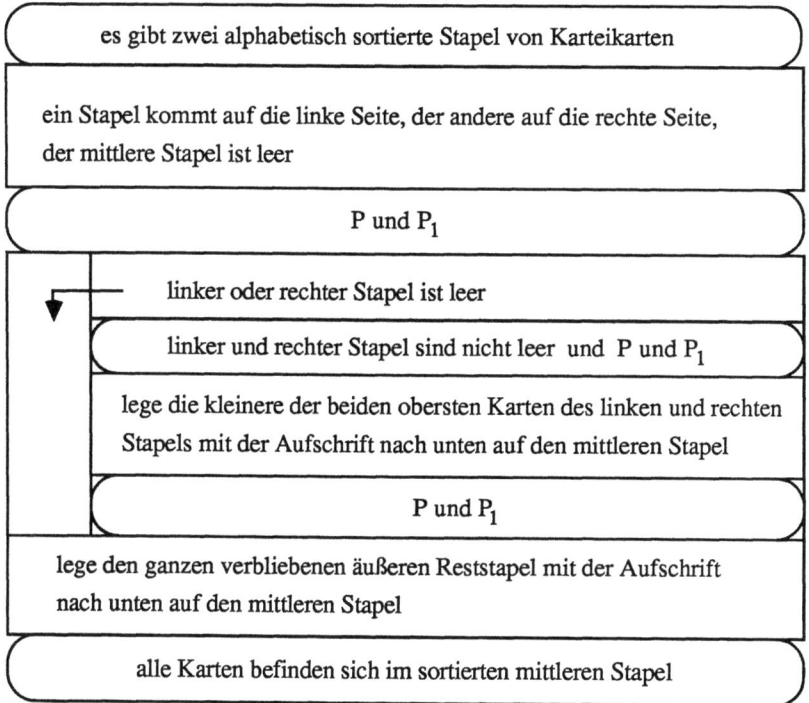

Der Aufwand des Verfahrens ist im wesentlichen proportional zur Anzahl der Karten der beiden gegebenen Stapel, da in jedem Schritt der Schleife genau eine Karte zum anfänglich leeren mittleren Stapel hinzugefügt wird. Die zuletzt durchgeführte Optimierung bringt nur eine unwesentliche Verbesserung des Aufwandes. (Im Extremfall, wenn einer der beiden gegebenen Stapel bereits leer war, braucht allerdings nur der nichtleere Stapel in die Mitte gelegt zu werden.)

2.2 Diskussion der Art der Präsentation des Verfahrens

Das vorgestellte Verfahren zum Mischen zweier sortierter Kartenstapel ist nicht neu und dem Leser sicher bekannt. Ungewohnt ist vor allem die Art der Präsentation des Verfahrens, die sowohl Einblicke in die Entwicklung des Programms gewährt als auch das Verstehen des Verfahrens erleichtert.

Der erste Teil der Präsentation, die *Aufgabenstellung,* beschreibt ausschließlich, **was** das Verfahren leisten soll, aber nicht, wie dies zu geschehen hat. Der zweite Teil, die *Lösung* der Aufgabe, beschreibt weniger, wie, sondern **warum** die Lösung erreicht wird. Erst der dritte Teil, der *Ablauf* des Verfahrens, legt fest, **wie** man zum Ziel gelangt.

Oft werden Verfahren nur dadurch beschrieben, daß erklärt wird, **wie** sie ablaufen, aber nicht genau, **was** ihre Aufgabe ist und vor allem **warum** sie dieses Ziel erreichen. Aber gerade für das Verstehen eines Verfahrens ist es wichtig zu wissen, warum man zum richtigen Ergebnis kommt.

Die Spezifikation (Aufgabenstellung)

Die Spezifikation beschreibt ausschließlich, **was** ein Verfahren leisten, aber nicht, wie es durchgeführt werden soll. Sie ist also eine funktionelle und keine operationale Beschreibung eines Verfahrens.

Eine Spezifikation besteht aus zwei Teilen:

   1. Precondition (Anfangsbedingung, Voraussetzung):

      Die Beschreibung des Anfangszustandes
      (Werte der Variablen *vor* dem Verfahren).

      z.B: Wir haben zwei Stapel Karteikarten mit Name, Anschrift,
      Telefonnummer usw.
      Die Karteikarten der beiden Stapel sind nach den
      Namen alphabetisch aufsteigend sortiert.

   2. Postcondition (Endbedingung):

      Die Beschreibung der gewünschten Endergebnisse
      (Werte der Variablen *nach* dem Verfahren).

      z.B: alle Karten der beiden ursprünglichen Stapel befinden sich
      in einem einzigen alphabetisch sortierten Stapel.

Die Precondition gilt vor dem Verfahren, die Postcondition soll nach dem Verfahren gelten. Diese Bedingungen gelten rein statisch vor bzw. nach dem Verfahren und haben mit der Dynamik (dem Ablauf) eines Verfahrens nichts zu tun.

Die Invariante als Programmidee

Jedem Programm liegt eine Idee zugrunde, wie ein Ergebnis schrittweise erreicht werden kann. Oft kann diese Idee in Form einer Bedingung, die

2. Einführende Beispiele

während des Verfahrens stets erfüllt ist, formuliert werden. Eine solche Bedingung wird *Invariante* genannt.

z.B: die Invariante von Mischen:

P: die Karten der beiden ursprünglichen Stapel sind auf drei *sortierte* Kartenstapel verteilt:

der *linke* Stapel enthält nur Karten aus dem ersten ursprünglichen Stapel

der *mittlere* Stapel enthält Karten aus beiden ursprünglichen Stapeln

der *rechte* Stapel enthält nur Karten aus dem zweiten ursprünglichen Stapel

Das Mischen hat noch eine zweite Invariante P_1, die das Verfahren einfach und effizient hält:

P_1: *alle* Karten des mittleren Stapels kommen im Alphabet *vor* allen Karten des linken und *vor* allen Karten des rechten Stapels.

Eine Invariante ist vor, während und auch nach dem Verfahren stets erfüllt. Diese Tatsache hilft uns, bei gegebener Spezifikation die Invariante zu entwickeln. Die Gültigkeit der Invariante muß zu Beginn des Verfahrens durch eine einfache Aktion aus der Precondition hergestellt (initialisiert) werden können. Nach dem Verfahren, wenn eine Abbruchbedingung erfüllt ist, muß die Postcondition erfüllt sein. Eine Invariante muß also im wesentlichen eine *Verallgemeinerung* der Postcondition sein und am Anfang leicht zu initialisieren sein. Die Postcondition ist ein Spezialfall der Invariante.

In unserem Beispiel wird die Invariante P so initialisiert:

Am *Anfang* werden die beiden gegebenen Stapel auf die linke und rechte Seite gelegt, der mittlere Stapel bleibt leer.

Die Postcondition ist ein Spezialfall der Invariante:

Wenn sich alle Karten im mittleren Stapel befinden, ist das Verfahren *beendet* und die Postcondition erfüllt.

Invarianten kann man mit Differentialgleichungen vergleichen, die dynamische Prozesse treffend charakterisieren können, obwohl sie nur das Gleichbleibende in der Veränderung beschreiben. Genauso wie diese drücken Invarianten nicht nur das Gleichbleibende, sondern auch die wesentlichen Ideen von Verfahren (Programmen) aus.

Termination des Verfahrens

Es ist wichtig, daß ein Verfahren nicht nur richtig ist, sondern auch das Ergebnis in einer endlichen Anzahl von Schritten liefert. Daher bezieht sich das nächste Argument auf die *Termination* des Verfahrens und ist wesentlicher Bestandteil der Antwort auf die Frage "Warum wird das richtige Ergebnis erzielt?":

> Wir *erreichen* das Ziel, indem wir in jedem Schritt mindestens eine Karte von den beiden äußeren zum mittleren Stapel hinzufügen.

Da die beiden äußeren Stapel dadurch immer kleiner werden, müssen sie schließlich in endlich vielen Schritten leer werden, und das Verfahren ist beendet.

Eine Invariante allein garantiert noch nicht die Termination. In unserem Beispiel könnte das Umschichten von Karten des mittleren Stapels zu den äußeren Stapeln zwar auch die Gültigkeit der Invariante erhalten, würde aber keinen Schritt näher zum gewünschten Endergebnis führen.

Programmablauf und Aufwandsabschätzung

Als letzter Teil der Präsentation wird der genaue Ablauf in einem Struktogramm operativ beschrieben. Erst jetzt sind alle Details des Ablaufs sichtbar und der Aufwand kann abgeschätzt werden. Aber auch bei diesem Teil ist in unserer Darstellung noch nicht festgelegt, wie die Datenstruktur eines Stapels von Karteikarten genau beschaffen ist (Feld, Liste, etc.). Dennoch sind alle wesentlichen Schritte des Verfahrens klar beschrieben.

Im Gegensatz zu unserem Beispiel mit Karteikarten müssen bei der Programmentwicklung in einer Programmiersprache die zugrundeliegenden Datenstrukturen und die Wirkung der einzelnen Programmanweisungen klar definiert sein.

2.3 Sortieren durch Mischen

Das Mischen zweier sortierter Stapel kann sehr wirkungsvoll zum Sortieren eines unsortierten Kartenstapels verwendet werden. Das Sortieren durch Mischen ist ein zweites Beispiel zur Veranschaulichung der Programmentwicklung mit Invarianten.

Aufgabenstellung:

Gegeben ist ein nichtleerer Stapel von Karteikarten.
Ziel ist es, die gegebenen Karten in alphabetische Reihenfolge zu bringen.

2. Einführende Beispiele 13

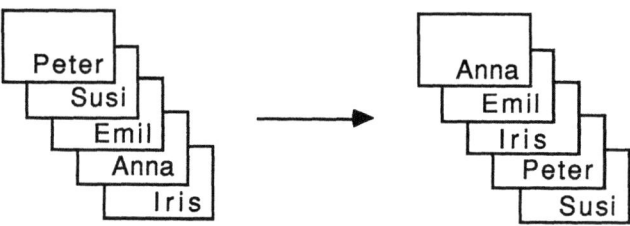

Lösung der Aufgabe:

Wir wollen einen sortierten Kartenstapel herstellen, haben aber einen unsortierten Stapel gegeben. Aus diesem unsortierten Stapel können wir jedoch leicht viele sortierte Stapel herstellen, indem wir die Karten einzeln nebeneinander legen. Jeder dieser so entstehenden einelementigen Stapel ist trivialerweise sortiert. Diese Überlegung bringt uns zu folgender Idee:

Invariante P: wir betrachten stets *mehrere* Stapel, die aus den Karten
                des gegebenen Stapels gebildet werden
                jeder dieser Stapel ist alphabetisch *sortiert*

Am Anfang besteht jeder Stapel aus einer einzigen Karte, die trivialerweise einen sortierten Stapel bildet.

Am Ende soll nur ein einziger sortierter Stapel vorliegen.

Wir *erreichen* dieses Ziel, indem wir stets durch Mischen zweier nichtleerer Stapel die Anzahl der sortierten Stapel verringern.

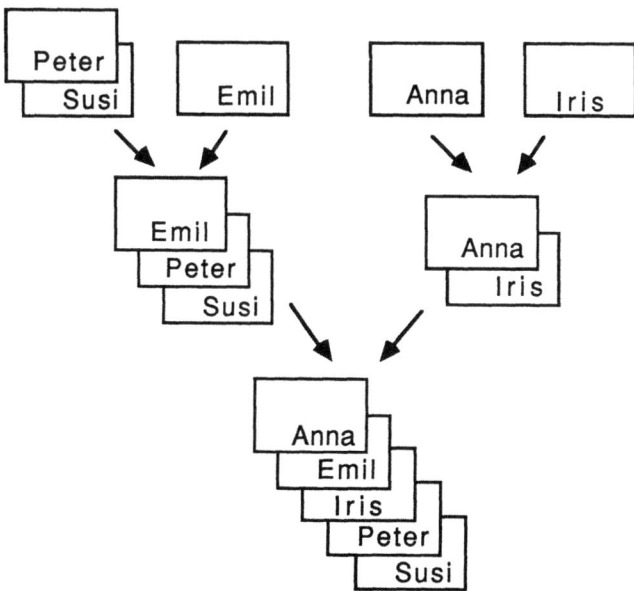

Das Verfahren: "Sortieren durch Mischen"

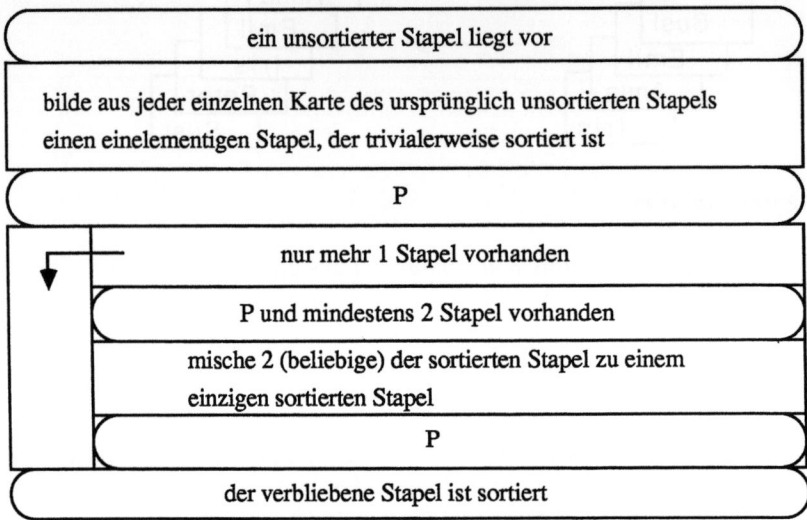

Der Aufwand dieses Verfahrens hängt wesentlich davon ab, welche beiden Stapel gemischt werden. Der geringste Aufwand entsteht, wenn wir stets versuchen, möglichst gleich große Stapel zu mischen. Der größte Aufwand entsteht, wenn wir stets nur einelementige Stapel zu einem bestimmten festen Stapel dazumischen (Sortieren durch direktes Einfügen).

Aufgaben zu 2.1 - 2.3:

Versuchen Sie selbst, Algorithmen mit Karteikarten für folgende Aufgaben zu entwickeln:

1. Einfügen einer neuen Karte in einen sortierten Kartenstapel. Beachten Sie, daß der ursprüngliche Stapel dabei in zwei Teilstapel geteilt wird, wobei alle Karten des oberen Teilstapels im Alphabet vor der einzufügenden Karte X kommen und alle Karten des unteren Stapels nach X kommen.

2. Aufteilen eines unsortierten Stapels in einen Stapel, dessen Karten alle vor einem bestimmten Namen X kommen, und in einen zweiten Stapel, dessen Karten alle nach X kommen. Die beiden entstehenden Stapel müssen nicht sortiert sein.

3. Entwickeln Sie ein Verfahren zum Sortieren eines Stapels unter Verwendung des Teilens aus Aufgabe 2. Teilen Sie dabei stets die Karten eines unsortierten Stapels mit dem Namen X einer beliebigen Karte, die Sie vorher aus dem Stapel entfernt haben. Am Ende sollen alle unsortierten Stapel soweit geteilt sein, daß nur mehr einelementige Stapel übrigbleiben, deren Karten in alphabetischer Reihenfolge nebeneinanderliegen.

2. Einführende Beispiele

2.4 Invarianten als Lösung von Rätselaufgaben

Rätsel, die sich mit dynamischen Vorgängen beschäftigen, können oft überraschend einfach mit Hilfe von Invarianten gelöst werden. Die folgenden Beispiele zeigen, wie die statisch geltenden Invarianten die Komplexität dynamischer Vorgänge faßbar machen können.

2.4.1 Weinpantschen

Zwei Weingläser sind mit der gleichen Menge Wein gefüllt. Ein Glas enthält 1/8 l Rotwein, das andere 1/8 l Weißwein.

Nun betrachten wir folgende Pantscherei:

Wir nehmen zuerst einen Teelöffel voll aus dem Rotwein und mischen ihn in den Weißwein. Nun befindet sich im Weißweinglas ein durch Rotwein verfälschter Weißwein. Danach nehmen wir einen Teelöffel voll aus dem Weißweinglas und mischen ihn in den Rotwein. Nun ist auch der Rotwein verfälscht und in beiden Gläsern befindet sich wieder jeweils 1/8 l Wein.

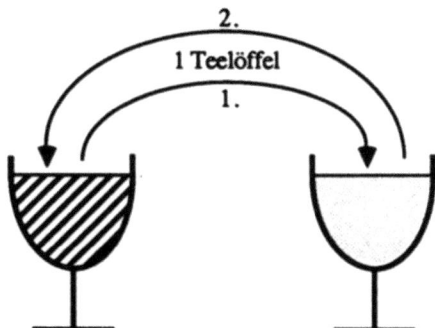

Frage: Welcher der beiden Weine ist nach dieser Prozedur stärker verfälscht, der Rotwein oder der Weißwein? Oder sind beide gleich stark verfälscht?

Versuchen Sie zur Lösung der Aufgabe eine Bedingung zu finden, die vor und nach dem Pantschen erfüllt ist, also invariant bleibt.

Lösung: Eine geeignete Invariante für unsere Aufgabe ist: "Vor und nach dem Pantschen befindet sich in beiden Gläsern 1/8 l Wein." Nachher enthält daher das Weißweinglas genausoviel Rotwein, wie Weißwein fehlt. Dieser fehlende Weißwein kann aber nur im Rotweinglas sein. Daher sind beide Weine gleich stark verfälscht.

Bei dieser Lösung wird der Endzustand analysiert und mit der Invariante "In beiden Gläsern befindet sich 1/8 l Wein" der Zusammenhang mit dem

Anfangszustand hergestellt. Der Vorgang des Pantschens selbst spielt bei dieser Argumentation keine Rolle, er kann sogar beliebig oft wiederholt werden, ohne daß sich das Ergebnis ändert. Auch jeder andere Pantschvorgang, bei dem kein Wein verlorengeht und sich nachher in beiden Gläsern wieder jeweils 1/8 l Wein befindet, führt zum gleichen Ergebnis.

2.4.2 Hofstadters MU-Rätsel

Douglas R. Hofstadter stellt in seinem bekannten Buch "Gödel Escher Bach, ein Endloses Geflochtenes Band" seinen Lesern die folgende Rätselaufgabe.

Mit Hilfe eines Axioms und von vier Regeln wird das sogenannte MIU-System definiert. Es handelt sich um eine Menge von Zeichenketten, die nur aus den drei verschiedenen Buchstaben M, I und U gebildet werden. Ausgehend von der im Axiom definierten Zeichenkette werden mit den vier Regeln alle weiteren Zeichenketten des MIU-Systems erzeugt.

Axiom: Die Zeichenkette MI ist im MIU-System enthalten.

$$MI \in \text{MIU-System}$$

Die folgenden Regeln sind wie das Axiom sowohl umgangssprachlich als auch in einer formalen Schreibweise, die wir auch für die Verifikationsregeln verwenden werden, formuliert. Der waagrechte "Schlußstrich" ist folgendermaßen zu lesen: gilt die Bedingung über dem Strich, dann gilt auch die Bedingung unter dem Strich.

Regel 1:   Endet eine Zeichenkette des MIU-Systems mit I, dann erhält man ein weiteres Element des MIU-Systems, wenn man am Ende der Zeichenkette ein U anhängt.

$$\frac{xI \in \text{MIU-System}}{xIU \in \text{MIU-System}}$$

Regel 2:   Ist die Zeichenkette Mx im MIU-System, dann ist auch Mxx im MIU-System.

$$\frac{Mx \in \text{MIU-System}}{Mxx \in \text{MIU-System}}$$

2. Einführende Beispiele

Regel 3: Durch Ersetzen von III durch U in einer Zeichenkette des MIU-Systems erhält man ein weiteres Element des MIU-Systems.

$$\frac{xIIIy \in \text{MIU-System}}{xUy \in \text{MIU-System}}$$

Regel 4: Durch Streichen von UU in einer MIU-Zeichenkette erhält man ein weiteres Element des MIU-Systems.

$$\frac{xUUy \in \text{MIU-System}}{xy \in \text{MIU-System}}$$

Alle Elemente des MIU-Systems können durch mehrmaliges Anwenden der Regeln aus der im Axiom gegebenen MIU-Zeichenkette MI abgeleitet werden.

Frage: Befindet sich MU im MIU-System?

Zur Beantwortung der Frage kann man den sogenannten Ableitungsbaum erstellen, der alle Zeichenketten enthält, die durch systematisches Anwenden der Regeln aus MI entstehen:

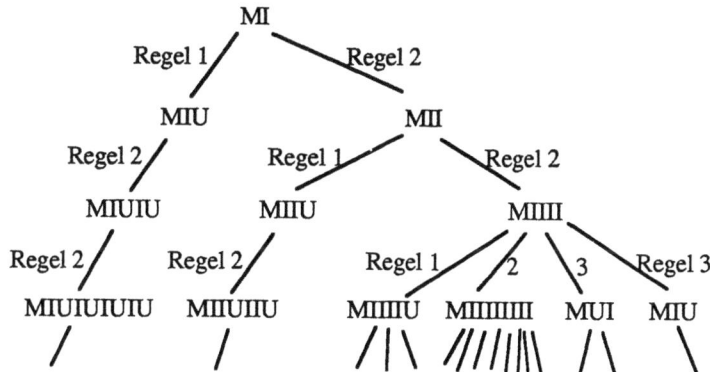

Da der Baum unendlich groß wird und nicht abzusehen ist, ob jemals die Zeichenkette MU erzeugt wird, ist dieser Lösungsansatz ziemlich planlos. Ist MU nicht im MIU-System enthalten, muß auf alle Fälle ein anderer Lösungsweg beschritten werden.

Lösung des MU-Rätsels:

Die fragliche Zeichenkette MU enthält keinen einzigen Buchstaben I. Nur die Regeln 2 und 3 ändern die Anzahl der vorkommenden I. Regel 2 verdoppelt sie und Regel 3 entfernt drei. Bei beiden Regeln bleibt die folgende Bedingung invariant: "Die Anzahl der I in der Zeichenkette ist nicht durch drei teilbar." Diese Bedingung gilt für das Axiom MI und bleibt beim Anwenden aller vier Regeln für die entstehenden Zeichenketten erhalten. Daher gilt für alle Zeichenketten des MIU-Systems, daß die Anzahl der I nicht durch drei teilbar ist. Die Anzahl der I in der Zeichenkette MU, nämlich 0, ist jedoch durch drei teilbar. MU kann daher nicht im MIU-System enthalten sein.

Aufgaben zu 2.4:

1. Gegeben ist folgende Rechenaufgabe:
Zwei Kühe starten an den beiden Endpunkten einer 10 km langen Landstaße und gehen aufeinander mit jeweils 5 km/h zu. Eine Fliege startet zum gleichen Zeitpunkt bei einer der beiden Kühe und fliegt mit 20 km/h zur anderen Kuh und wieder zurück zur ersten usw. Sie legt dabei immer kürzere Strecken zurück, bis die beiden Kühe einander begegnen. Welche Wegstrecke hat die Fliege insgesamt zurückgelegt? Lösen Sie die Aufgabe mit einem einfachen Argument!

2. Zwei Spieler legen abwechselnd gleichartige Münzen auf einen kreisrunden Tisch. Die Münzen können auf jede beliebige freie Stelle des Tisches gelegt werden, sie dürfen aber nicht übereinanderliegen oder einander überlappen. Begonnen wird mit dem leeren Tisch. Gewonnen hat der Spieler, der die letzte Münze auf den Tisch gelegt hat. Gibt es für einen Spieler eine Strategie zu gewinnen? Wenn ja, für welchen Spieler und welche Strategie? Wenn nein, warum nicht?

3. Zusicherungen (Assertions)

Zusicherungen, die in Form von Kommentaren in den Programmtext eingefügt sind, dienen nicht nur der Programmdokumentation. Mit ihrer Hilfe können auch Programme spezifiziert und deren Wirkung beschrieben werden. Aber auch die Semantik der einzelnen Programmanweisungen kann mit Zusicherungen definiert werden. Darüber hinaus sind sie ein wertvolles Werkzeug für die Programmentwicklung.

3.1 Zusicherungen als Dokumentation von Programmen

Mit Zusicherungen werden bestimmte Eigenschaften oder Zustände, die an bestimmten Stellen im Programm vorhanden sind, garantiert. So kann zum Beispiel nach dem Quadrieren einer Zahl zugesichert werden, daß diese Zahl nicht negativ ist. Zusicherungen schreiben wir zur Unterscheidung von Anweisungen in einen Strukturblock mit abgerundeten Ecken.

Zusicherungen können umgangssprachlich ("x ist nicht negativ") oder formal exakt ("$x \geq 0$") formuliert werden.

Wäre vor der Zuweisung $x := y^2$ sichergestellt, daß y größer als 1 ist, dann kann man nach der Zuweisung zusichern, daß x größer als y ist. Selbstverständlich gilt nachher auch $y > 1$:

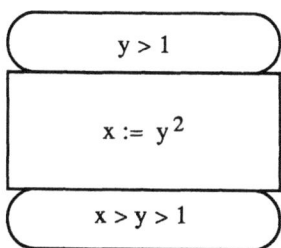

3. Zusicherungen

Das folgende Beispiel soll demonstrieren, wie Zusicherungen das Verstehen der Wirkung von Programmen erleichtern können. Die Werte der Variablen a, b und c werden mit Hilfe von Vertauschungen so umgeordnet, daß nach dem Programm a ≤ b ≤ c gilt:

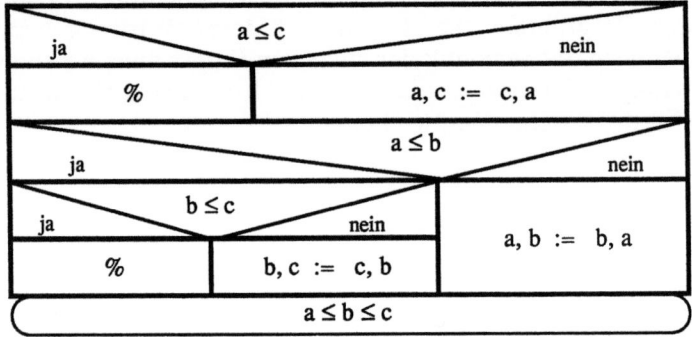

Es ist mühsam, zu erkennen, ob in allen möglichen Zweigen des Programms das richtige Ergebnis erzielt wird. Mit Hilfe von Zusicherungen, die in das Programm eingefügt werden, kann die Wirkung des Programms wesentlich leichter verstanden werden.

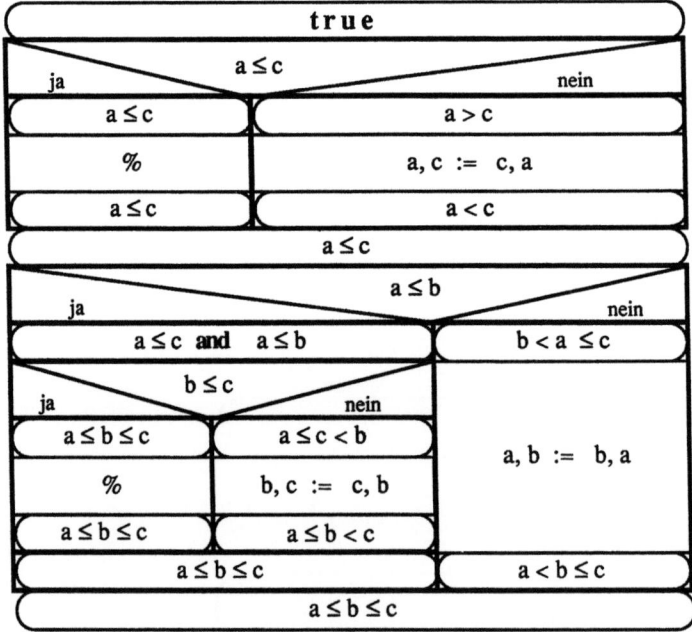

Die einzelnen Zusicherungen gelten bei allen erdenklichen Programmabläufen an den jeweiligen Stellen im Programm, unabhängig davon, welche Werte die Variablen a, b und c vor dem Ablauf des Programms gehabt haben.

Die Zusicherung **true** am Anfang des Programms bedeutet, daß die Variablen a, b und c zu Beginn alle denkbaren Werte annehmen können. Die Zusicherung **true** ist stets erfüllt, daher schränkt sie den Wertebereich der Variablen nicht ein.

Da die Zusicherungen das Verstehen der Wirkung von Programmen erleichtern, sind sie ein wichtiger Bestandteil der Dokumentation von Programmen.

3.2 Die Sprache der Zusicherungen

Zusicherungen gelten an gewissen Programmstellen oder sie gelten nicht, sie sind entweder erfüllt oder nicht erfüllt, wahr oder falsch. Sie sind logische Aussagen über die Werte der Programmvariablen. Diese Aussagen können informal als Text oder formal als prädikatenlogische Ausdrücke formuliert werden.

Umgangssprachlich formulierte Zusicherungen wären zum Beispiel:

1. x ist nicht negativ

2. x hat den Wert y^2

3. alle Elemente des Feldes a sind nicht negativ

4. alle Elemente des Feldes a sind aufsteigend sortiert

Die gleichen Zusicherungen lauten formal in der Sprache der Prädikatenlogik:

1. $x \geq 0$

2. $x = y^2$

3. (**All** $i : 0 \leq i < N : a_i \geq 0$)

4. (**All** $i : 1 \leq i < N : a_{i-1} \leq a_i$)

Die letzten beiden Zusicherungen verwenden den sogenannten **All**-Quantor. Sie werden folgendermaßen gelesen:

3. Für alle Indizes i aus dem Bereich $0 \leq i < N$ gilt $a_i \geq 0$.

4. Für alle Indizes i aus dem Bereich $1 \leq i < N$ gilt $a_{i-1} \leq a_i$.

Die umgangssprachliche Formulierung ist im allgemeinen leichter verständlich. Die formale Schreibweise in der Sprache der Prädikatenlogik ist allerdings exakter und unmißverständlicher. Man erkennt, daß das Feld a genau N Elemente mit den Indizes 0 bis N–1 hat. Auch der Begriff "aufsteigend sortiert" wird präzisiert: aus der Bedingung $a_{i-1} \leq a_i$ sieht man, daß auch mehrere gleiche Werte aufeinanderfolgen dürfen.

Die formale Schreibweise der Zusicherungen stellt in der Programmentwicklung einen ersten Schritt zum stets formalen Programm dar. Die formal exakte Schreibweise der Zusicherungen ist insbesondere dann unumgänglich, wenn man das Programm mathematisch exakt verifizieren will.

In der Praxis wird man Zusicherungen zuerst umgangssprachlich formulieren und dann erst formal anschreiben.

3.2.1 Zusicherungen als Boolesche Ausdrücke

Boolesche Ausdrücke, wie man sie von den Programmiersprachen kennt, bilden die Grundlage für die Sprache der Zusicherungen. Konstante, Programmvariable, die Vergleichsoperatoren <, ≤, =, ≠, ≥, > und die logischen Operatoren **and, or, not,** ⇔, ⇒ sind die Grundbausteine der Zusicherungen.

$N > 2$ "N ist größer als 2"

$s = N * (N - 1) / 2$ "s hat den Wert N * (N – 1) / 2"

Anhand von einigen Beispielen wollen wir das Anwenden der Operatoren studieren.

Sollen zwei Zusicherungen gleichzeitig gelten, so werden sie mit dem logischen Operator **and** verknüpft.

$x \geq a$ **and** $x \geq b$ "x ist größer gleich a und größer gleich b"

Statt **and** kann man auch einfach nur einen Beistrich "," schreiben.

$x \geq a$, $x \geq b$

Soll die Variable q den ganzzahligen Quotienten der Division x **div** y und die Variable r den ganzzahligen Rest x **mod** y enthalten, können wir folgende Zusicherung schreiben:

$$(q = x \text{ div } y) \text{ and } (r = x \text{ mod } y)$$

Ohne Verwendung der Operatoren **div** und **mod** kann man den gleichen Sachverhalt auch folgendermaßen formulieren:

$$(x = q * y + r) \text{ and } (0 \le r < y)$$

Sollen die Werte von Variablen in einem bestimmten Bereich liegen, dann kann auch eine Kette von Vergleichen gebildet werden:

$0 \le i < N$ ist gleichwertig mit $0 \le i$ **and** $i < N$

$0 \le i < j < N$ ist gleichwertig mit $0 \le i$ **and** $i < j$ **and** $j < N$

Soll mindestens eine von zwei Zusicherungen gelten, so werden die beiden Zusicherungen mit dem logischen Operator **or** verknüpft:

$$(x = a \text{ and } a \ge b) \text{ or } (x = b \text{ and } b \ge a)$$

Diese Zusicherung ist gleichwertig mit

$$x \ge a \text{ and } x \ge b \text{ and } (x = a \text{ or } x = b)$$

Sie besagt, daß x das Maximum der beiden Werte a und b ist. Für das Maximum zweier Zahlen kann aber auch der infix-Operator **max** verwendet werden, um die Symmetrie der Operanden hervorzuheben:

$$x = a \text{ max } b$$

Ebenso liefert der infix-Operator **min** das Minimum zweier Zahlen:

$$y = a \text{ min } b$$

3.2.2 Die Zusicherungen true und false

true und **false** sind die beiden extremsten Zusicherungen:

Die Zusicherung **true** ist stets erfüllt. Sie gilt an jeder beliebigen Stelle eines jeden Programms und schränkt den Wertebereich der Variablen in keinerlei Weise ein. **true** wird manchmal als erste Zusicherung (Precondition) in einem Programm verwendet, um auszudrücken, daß keinerlei Einschränkungen für die Werte der Variablen existieren.

Die Zusicherung **false** ist nie erfüllt. Sie kann an keiner Stelle gelten, die das Programm bei seinem Ablauf erreichen kann. **false** schränkt den Wertebereich der Variablen so stark ein, daß es keine gültigen Variablenwerte mehr gibt.

3.2.3 Zusicherungen mit Quantoren

Den folgenden Beispiel-Zusicherungen liegt ein Feld a(i : $0 \leq i < N$) mit den Elementen $a_0, ..., a_{N-1}$ zugrunde. Die Werte der einzelnen Elemente seien ganzzahlig. Mit Hilfe von Quantoren können Aussagen über alle Elemente des Feldes getroffen werden.

Der All-Quantor

Soll eine Zusicherung Z(i) für *alle* Indizes i aus einem bestimmten Bereich B(i) zutreffen, dann verwendet man den **All-Quantor**.

$$(\text{All } i : B(i) : Z(i))$$

"es gilt Z(i) für alle Indizes i aus dem Bereich B(i)"

B(i) ist dabei eine Aussage, die für alle Elemente einer bestimmten Menge von Werten i wahr ist. Zum Beispiel ist der Bereich B(i): $1 \leq i < N$ für alle Werte i aus dem Intervall [1, N) erfüllt. Der Bereich gerade(i) ist für alle geraden ganzen Zahlen erfüllt.

Gibt es keinen Index i im Bereich B(i), dann ist B(i) = **false**, und es wird festgesetzt:
$$(\text{All } i : \textbf{false} : Z(i)) = \textbf{true}$$

Der All-Quantor ist eine Zusicherung, die aus den beiden Zusicherungen B(i) und Z(i), in denen der Index i vorkommen kann, aufgebaut ist.

Beispiel: Die Elemente des Feldes a sind streng monoton wachsend

$$(\text{All } i : 1 \leq i < N : a_{i-1} < a_i)$$

"es gilt $a_{i-1} < a_i$ für alle Indizes i aus dem Bereich $1 \leq i < N$"

Das ist gleichwertig mit

$$(a_0 < a_1) \textbf{ and } (a_1 < a_2) \textbf{ and } ... \textbf{ and } (a_{N-2} < a_{N-1}).$$

Für $N \leq 1$ hat (**All** i : $1 \leq i < N$: $a_{i-1} < a_i$) definitionsgemäß den Wert **true**, weil zum Beispiel $1 \leq i < 0$ nie erfüllt und mit **false** identisch ist.

"streng monoton wachsend" kann auch mit zwei Indizes i und j formuliert werden:

$$(\text{All } i, j : 0 \leq i < j < N : a_i < a_j)$$

"es gilt $a_i < a_j$ für alle Paare von Indizes i,j mit $0 \leq i < j < N$"

Der **All**-Quantor kann bei einer endlichen Anzahl von Werten für den Index i auch gleichwertig mit **and**-Operatoren angeschrieben werden:

$$(\text{All } i : 0 \leq i < N : Z(i)) = Z(0) \text{ and } Z(1) \text{ and } \ldots \text{ and } Z(N-1)$$

Im speziellen kann der letzte Index abgespalten werden:

$$(\text{All } i : 0 \leq i < N+1 : Z(i))$$
$$= (\text{All } i : 0 \leq i < N : Z(i)) \text{ and } Z(N)$$

Der Bereich B(i) des **All**-Quantors ist eigentlich nicht unbedingt notwendig. Dieser Bereich kann einfach leergelassen werden und die Zusicherung Z(i) durch B(i) $\Rightarrow$ Z(i) ersetzt werden. Der leere Bereich hat dann den Wert **true**.

$$(\text{All } i : B(i) : Z(i)) \quad = (\text{All } i : : B(i) \Rightarrow Z(i))$$
$$= (\text{All } i : \textbf{true} : B(i) \Rightarrow Z(i))$$

Die Schreibweise, die den Bereich B(i) verwendet, ist allerdings übersichtlicher und wird deshalb bevorzugt.

Der Existenz-Quantor

Wenn eine Zusicherung Z(i) für *mindestens einen* Index i aus einem Bereich B(i) gilt, dann verwendet man den Existenz-Quantor.

$$(\text{Ex } i : B(i) : Z(i))$$

"Es existiert ein Index i aus dem Bereich B(i), sodaß Z(i) gilt."

"Z(i) gilt für mindestens einen Index i aus dem Bereich B(i)"

Gibt es keinen Index i im Bereich B(i), dann ist B(i) = **false** und es wird festgesetzt:

$$(\text{Ex } i : \textbf{false} : Z(i)) = \textbf{false}$$

Für eine endliche Anzahl von Indizes im Bereich B(i) kann der Existenzquantor durch **or**-Operatoren ersetzt werden:

$$(\text{Ex } i : 0 \leq i < N : Z(i)) = Z(0) \text{ or } Z(1) \text{ or } \ldots \text{ or } Z(N-1)$$

Beispiel: mindestens ein Element des Feldes a hat den Wert x

$$(\textbf{Ex } i : 0 \leq i < N : a_i = x)$$

Diese Zusicherung ist gleichwertig mit

$$(a_0 = x) \textbf{ or } (a_1 = x) \textbf{ or } \ldots \textbf{ or } (a_{N-1} = x)$$

Für $N \leq 0$ ist dieser Ausdruck **false**.

Beispiel: die Variable x ist Teiler von y:

$$(\textbf{Ex } k : k \text{ ganz} : x * k = y)$$

"Es existiert eine ganze Zahl k, sodaß $x * k = y$ ist"

Der Existenz-Quantor kann mit Hilfe des **All**-Quantors formuliert werden:

$$(\textbf{Ex } i : B(i) : Z(i)) = \textbf{not } (\textbf{All } i : B(i) : \textbf{not } Z(i))$$

Ebenso kann der **All**-Quantor mit Hilfe des Existenz-Quantors formuliert werden:

$$(\textbf{All } i : B(i) : Z(i)) = \textbf{not } (\textbf{Ex } i : B(i) : \textbf{not } Z(i))$$

Diese beiden Beziehungen sind als De Morgan-Gesetze bekannt.

Der Summenquantor Σ

Auch die Summe mehrerer arithmetischer Ausdrücke A(i) kann in Form eines Quantors geschrieben werden:

$$(\Sigma i : B(i) : A(i)) = \sum_{B(i)} A(i)$$

Gibt es keinen Index i, für den B(i) erfüllt ist, dann ist der Bereich B(i) = **false**, und es wird festgesetzt:

$$(\Sigma i : \textbf{false} : A(i)) = 0$$

3. Zusicherungen

Beispiel: Die Variable s enthält die Summe aller Elemente des Feldes a

$$s = (\Sigma\, i : 0 \leq i < N : a_i)$$

ist gleichwertig mit $\quad s = a_0 + a_1 + \ldots + a_{N-1}$.

$(\Sigma\, i : 0 \leq i < N : a_i)$ hat für $N \leq 0$ definitionsgemäß den Wert 0.

Der Anz-Quantor

Der **Anz**-Quantor liefert die Anzahl der verschiedenen Indizes i, die im Bereich B(i) liegen und die Zusicherung Z(i) erfüllen.

$$(\textbf{Anz}\, i : B(i) : Z(i))$$

"Anzahl der verschiedenen Indizes i aus dem Bereich
   B(i), für die Z(i) erfüllt ist"

Beispiel: Anzahl der Vorkommen des Wertes x im Feld a

$$(\textbf{Anz}\, i : 0 \leq i < N : a_i = x)$$

Für $N \leq 0$ ist der Bereich **false** und der **Anz**-Quantor liefert den Wert 0.

Der **All**-Quantor kann mit Hilfe des **Anz**-Quantors formuliert, ja sogar definiert werden:

$(\textbf{All}\, i : B(i) : Z(i))$ ist gleichwertig mit $(\textbf{Anz}\, i : B(i) : \textbf{not}\, Z(i)) = 0$

Ebenso ist

$(\textbf{Ex}\, i : B(i) : Z(i))$ gleichwertig mit $(\textbf{Anz}\, i : B(i) : Z(i)) \geq 1$

Beispiel: Die Zusicherung "a ist streng monoton steigend sortiert" kann nicht nur mit dem **All**-Quantor, sondern auch mit dem **Anz**-Quantor formuliert werden: Die Anzahl aller aufeinanderfolgender Elemente, die nicht streng monoton wachsend sind, ist null.

$$(\textbf{Anz}\, i : 1 \leq i < N : a_{i-1} \geq a_i) = 0$$

oder $\quad (\textbf{Anz}\, i, j : 0 \leq i < j < N : a_i \geq a_j) = 0$

Der **Anz**-Quantor kann wiederum mit Hilfe des Σ-Quantors formuliert werden:

$(\textbf{Anz}\, i : B(i) : Z(i))$ ist gleichwertig mit $(\Sigma\, i : B(i)\, \textbf{and}\, Z(i) : 1)$

3.2.4 Selbstdefinierte Prädikate

Sehr umfangreiche Zusicherungen, die oft benötigt werden, können mit einem selbstdefinierten Prädikat abgekürzt werden.

Beispiel: Das Prädikat sortiert (a, m, n)

Das Prädikat sortiert(a, m, n) kann als Abkürzung des explizit angegebenen Prädikats definiert werden:

$$\text{sortiert (a, m, n)} : (\textbf{All } i, j : m \leq i < j < n : a_i \leq a_j)$$

Für den ersten Parameter kann stets der Name eines beliebigen Feldes eingesetzt werden und für die beiden weiteren Parameter die untere bzw. obere Grenze der Indizes, innerhalb deren das Feld sortiert ist. So bedeutet sortiert(b, 10, N), daß das Feld b für alle Indizes aus dem Bereich $10 \leq i < N$ sortiert ist. b_N gehört allerdings nicht mehr zum sortierten Feld (siehe Definition von sortiert, $b_{N-1} \leq b_N$ ist nicht gefordert!).

Beispiel: Das Prädikat perm(a, b)

Werden in einem Programm die Elemente eines Feldes nur umgeordnet, aber ihre Werte nicht verändert, so bezeichnet man dies als Permutation der Elemente des Feldes. Beim Sortieren sollen die Elemente des Feldes so umgeordnet werden, daß eine sortierte Permutation des ursprünglichen Feldes entsteht. Das folgende Prädikat perm(a,b) ist genau dann erfüllt, wenn das Feld a eine Permutation des Feldes b ist.

perm(a, b) :

$$(\textbf{All } x : : (\textbf{Anz } i : 0 \leq i < N : a_i = x) = (\textbf{Anz } i : 0 \leq i < N : b_i = x))$$

"jedes Element x kommt in a und in b in gleicher Anzahl vor"

Besteht das Feld a aus den ersten N natürlichen Zahlen, dann ist a eine Permutation von (0, ...,N–1).

$$\text{perm(a, (0,..., N–1))} : (\textbf{All } j : 0 \leq j < N : (\textbf{Ex } i : 0 \leq i < N : j = a_i))$$

"jede Zahl aus (0, ..., N–1) kommt in a vor"

Beispiel: das Prädikat a **teilt** b

Für die Teilbarkeit einer ganzen Zahl b durch eine ganze Zahl a kann folgendes Prädikat definiert werden:

$$a \textbf{ teilt } b : (\textbf{Ex } k : k \text{ ganz} : a * k = b)$$

Zur leichteren Lesbarkeit wird hier die Infix-Schreibweise a **teilt** b statt der funktionalen Schreibweise teilt(a, b) verwendet.

3.2.5 Selbstdefinierte arithmetische Funktionen

Auch arithmetische Funktionen können in gleicher Weise wie Prädikate definiert werden:

$$ggT(x, y) : (\textbf{Max } k : (k \textbf{ teilt } x) \textbf{ and } (k \textbf{ teilt } y) : k)$$

Der größte gemeinsame Teiler zweier Zahlen x und y ist die größte Zahl, die sowohl x als auch y teilt (**Max**-Quantor siehe Aufgabe 2).

Die Anzahl der Vorkommen des Elementes x im Feld a kann als arithmetische Funktion Vork(x, a) definiert werden:

$$Vork(x, a) : (\textbf{Anz } i : 0 \leq i < N : a_i = x)$$

Selbstdefinierte arithmetische Funktionen können in Zusicherungen verwendet werden:

ggT(x, y) = ggT(X, Y)   "x und y haben den gleichen größten gemeinsamen Teiler wie X und Y"

Vork(x, a) $\geq$ 1   "x kommt in a mindestens einmal vor"

(**All** x : : Vork(x, a) $\leq$ 1)   "Jedes Element kommt in a höchstens einmal vor"

Aufgaben zu 3.:

1. Formulieren Sie folgende umgangsprachlichen Zusicherungen formal in der Sprache der Prädikatenlogik:

a) x ist eine Quadratzahl.

b) x und y unterscheiden sich maximal um 3.

c) Alle Elemente eines Feldes a sind nicht größer als eine obere Grenze og und nicht kleiner als eine untere Grenze ug.

d) Mindestens ein Feldelement ist von 0 verschieden. Wie ändert sich die Zusicherung, wenn statt "mindestens ein" genau ein Feldelement von 0 verschieden ist?

e) Mindestens ein Element kommt in beiden gegebenen Feldern a(i : $0 \leq i <$ M) und b(i : $0 \leq i < N$) vor.

f) Alle Zahlen eines Feldes a sind durch 2, 3 oder 5 teilbar.

g) Die Variable g enthält die Anzahl der verschiedenen Elemente, die in a(i : $0 \leq i < N$) vorkommen.

2. Die Quantoren **Min** und **Max** liefern den kleinsten bzw. größten Wert des arithmetischen Ausdrucks A(i) für alle i aus dem Bereich B(i).

$$(\mathbf{Min}\ i : B(i) : A(i))$$

$$(\mathbf{Max}\ i : B(i) : A(i))$$

Gibt es kein i, sodaß B(i) erfüllt ist, dann ist B(i) = **false** und es wird festgesetzt:

$$(\mathbf{Min}\ i : \mathbf{false} : A(i)) = +\infty$$

$$(\mathbf{Max}\ i : \mathbf{false} : A(i)) = -\infty$$

a) Formulieren Sie mit Hilfe des **Max**-Quantors:
Die Variable m enthält das Maximum aller Elemente des Feldes a.
Formulieren Sie die gleiche Zusicherung nur mit **All**- und **Ex**-Quantoren!

b) Formulieren Sie den **Min**-Quantor mit Hilfe des **Max**-Quantors und umgekehrt!

4. Programmzustände und Zustandsraum

Jedes Programm verwendet eine endliche Anzahl von Variablen, die wir mit $v_1, v_2, ..., v_n$ bezeichnen. Jede dieser Variablen v_i hat stets einen Wert aus einem Wertebereich W_i. Der Wertebereich ist eine Menge von Werten, die durch den Typ der Variablen festgelegt ist. Bei Variablen vom Typ integer besteht der Wertebereich zum Beispiel aus den ganzen Zahlen ... $-3, -2, -1, 0, 1, 2, 3, ...$. Undefinierte Variablenwerte betrachten wir nicht.

Wenn wir den Ablauf eines Programms an einer beliebigen Stelle unterbrechen, dann können wir den Zustand des Programms an dieser Stelle durch die Werte w_i seiner Variablen v_i charakterisieren.

$$(v_1, v_2, ..., v_n) = (w_1, w_2, ..., w_n)$$

Definition: Ein Programmzustand ist eine bestimmte Belegung der Variablen mit Werten.

Programmanweisungen verändern in der Regel die Variablenwerte und ändern dadurch den Programmzustand. Wir betrachten daher Programmzustände nur unmittelbar vor und unmittelbar nach Anweisungen, aber nicht während des Ablaufs einer Anweisung.

Beispiel: Wenn sich ein Programm vor der Zuweisung $x := y + 2$ im Zustand $(x, y) = (3, 5)$ befindet, dann ist es nach der Zuweisung im Zustand $(x, y) = (7, 5)$.

Die Zustände können auch mit *Zusicherungen* beschrieben werden:

$$\boxed{x = 3 \;\; \textbf{and} \;\; y = 5}$$

$$\boxed{x := y + 2}$$

$$\boxed{x = 7 \;\; \textbf{and} \;\; y = 5}$$

Als Zustandsraum wird die Gesamtmenge aller möglichen Programmzustände bezeichnet. Der Zustandsraum stellt die Menge aller Kombinationen von Werten der einzelnen Variablen dar.

Formal exakt kann der Zustandsraum als kartesisches Produkt der Wertebereiche W_i der einzelnen Variablen v_i definiert werden:

$$Z = W_1 \times W_2 \times \ldots \times W_n$$

Die Elemente (Punkte) dieses Zustandsraumes sind die (Programm-) Zustände:

$$(w_1, w_2, \ldots, w_n) \quad \text{mit } w_i \in W_i$$

Die i-te Komponente eines Zustandes ist der Wert w_i der Variablen v_i.

4.1 Der Zusammenhang zwischen Zuständen und Zusicherungen

In diesem Abschnitt werden Zusicherungen durch Zustände und Zustände durch Zusicherungen charakterisiert.

Jeder einzelne Programmzustand $(w_1, w_2, \ldots, w_n)$ kann durch die Zusicherung

$$(v_1 = w_1) \text{ and } (v_2 = w_2) \text{ and } \ldots \text{ and } (v_n = w_n)$$

charakterisiert werden. Diese Zusicherung ist offensichtlich nur im Zustand $(w_1, w_2, \ldots, w_n)$ erfüllt, in allen anderen Zuständen nicht.

Ist umgekehrt eine Zusicherung Q gegeben, dann kann sie als Menge von Zuständen charakterisiert werden. Jede Zusicherung Q teilt den Zustandsraum in eine Menge von Zuständen, in denen Q erfüllt ist, und in eine Menge, in denen Q nicht erfüllt ist. Gilt an einer Stelle eines Programms eine Zusicherung, dann können an dieser Stelle nur solche Zustände auftreten, in denen die Zusicherung erfüllt ist. Der Zusicherung Q entspricht die Menge M_Q von Zuständen, in denen Q erfüllt ist:

$$M_Q = \{(v_1, v_2, \ldots, v_n) : Q\}$$

Die geschweiften Klammern werden hier als Mengenklammern aufgefaßt.

Beispiel: An einer Stelle eines Programms gelte die Zusicherung Q: $x \geq y$. An dieser Stelle können nur Zustände (x, y) mit $x \geq y$ auftreten, aber keine mit $x < y$.

4. Programmzustände und Zustandsraum

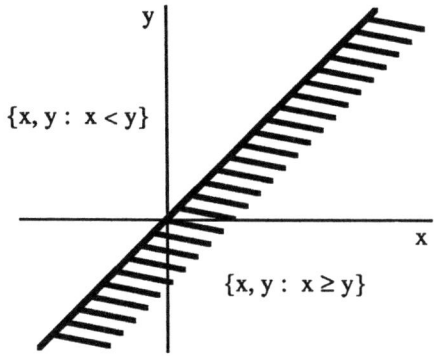

Wenn in unserem Programm nur zwei Variablen vorkommen, deren Werte man linear auftragen kann, können wir uns zur Veranschaulichung des Zustandsraumes der xy-Ebene bedienen. Die Zusicherung Q: $x \geq y$ wird durch die Halbebene unterhalb der Diagonale $x = y$ dargestellt.

Eine Zusicherung Q wird oft mit der Menge der Zustände, in denen Q erfüllt ist, gleichgesetzt. Das erlaubt eine etwas vereinfachte Ausdrucksweise wie zum Beispiel "alle Zustände aus Q" statt "alle Zustände, in denen Q erfüllt ist".

Jeder Zusicherung entspricht also eine Menge von Zuständen und jeder Menge von Zuständen entspricht eine Zusicherung.

Die Zusicherungen werden in der Sprache der Prädikatenlogik formuliert, die Zustände in der Sprache der Mengenlehre. Jeder Operator der Logik kann in der Sprache der Mengenlehre beschrieben werden und jeder Operator der Mengenlehre in der Sprache der Logik.

P and Q	$P \cap Q$	P geschnitten mit Q
P or Q	$P \cup Q$	P vereinigt mit Q
not P	P^c	Komplementärmenge von P
$P \Rightarrow Q$ oder **not** P **or** Q oder $P \subseteq Q$	$P^c \cup Q$	Komplementärmenge von P vereinigt mit Q
$P \Leftrightarrow Q$ oder $P = Q$ oder $P \Rightarrow Q$ **and** $Q \Rightarrow P$	$(P^c \cup Q) \cap (P \cup Q^c)$	
true	Z	gesamter Zustandsraum
false	{ }	leere Menge von Zuständen

4. Programmzustände und Zustandsraum

Soll zum Beispiel der Wahrheitsgehalt einer Implikation $P \Rightarrow Q$ ermittelt werden, so kann stattdessen der Wahrheitsgehalt von $P \subseteq Q$ (P ist Teilmenge von Q) oder von $(P^c \cup Q) = Z$ bestimmt werden. Ein Ausdruck wie $(P \Rightarrow Q) \Rightarrow R$ kann allerdings nicht mehr so einfach in die Sprache der Mengenlehre übersetzt werden. Die Sprache der Prädikatenlogik hat mächtigere Operatoren als die Sprache der Mengenlehre. Wir werden deshalb im weiteren vornehmlich die Sprache der Prädikatenlogik für Zusicherungen verwenden.

Jede Aussage über Zusicherungen kann durch eine Aussage über Zustände ersetzt werden und umgekehrt.

Beispiel: "Vor einem Programm ist die Zusicherung Q erfüllt"

ist gleichwertig mit

"Das Programm startet in einem Zustand aus Q"

4.2 Programme als Abbildungen im Zustandsraum

Programme ändern ihren Zustand bei jeder Änderung der Variablenwerte. Der Zustand am Ende eines Programms hängt wesentlich vom Zustand vor Ablauf des Programms ab.

Die Veränderung der Zustände durch ein Programm können wir mit folgendem Diagramm veranschaulichen:

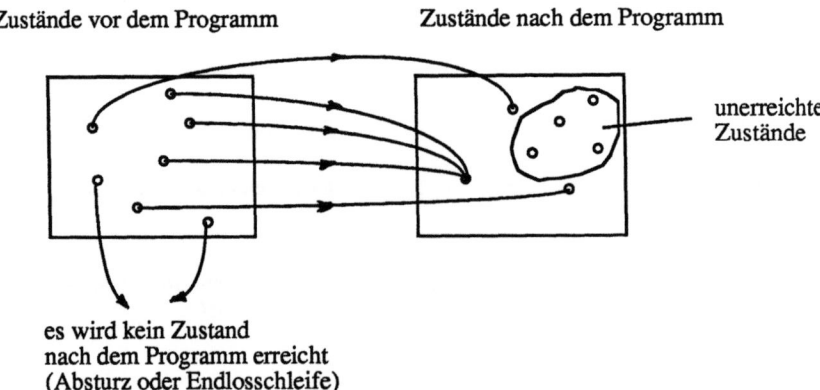

Jeder Zustand vor Ablauf des Programms führt entweder zu einem Zustand am Ende des Programms oder bei Absturz bzw. Endlosschleife zu keinem Zustand. Man kann daher ein Programm als Abbildung des Zustandsraumes in sich selbst auffassen. Diese Abbildung ist nur partiell, da nicht alle Anfangszustände auf Endzustände abgebildet werden.

4. Programmzustände und Zustandsraum

Beispiel: Das Programm besteht aus der Ganzzahldivision x := x **div** y. Alle Anfangszustände {(x, y) : y = 0} führen wegen Division durch 0 zum Programmabsturz und daher zu keinem Endzustand. Der Endzustand (x, y) = (0, 3) wird von mehreren Anfangszuständen erreicht (z.B. von (0, 3), (1, 3) und (2, 3)). Die Endzustände {(x, y) : y = 0} werden nicht erreicht.

Die partielle Abbildung im Zustandsraum beschreibt vollständig die Semantik (Wirkung) eines Programms, da man für jeden Anfangszustand den entsprechenden Endzustand gegeben hat.

Anmerkung: Bei nichtdeterministischen Programmen kann ein Anfangszustand auf einen von mehreren möglichen Endzuständen abgebildet werden. Welcher dieser Endzustände tatsächlich erreicht wird, ist nicht festgelegt. Daher kann nur die Wirkung von deterministischen Programmen als partielle Abbildung im Zustandsraum charakterisiert werden. Wir wollen hier aber nur deterministische Programme untersuchen.

Aufgaben zu 4.:

1. In einem Programm, das nur die beiden Variablen x und y vom Typ integer verwendet, findet man die Zusicherung

$$\{x^y = 16\}$$

Für welche Programmzustände ist diese Zusicherung erfüllt? Zählen Sie dabei die entsprechenden Punkte des Zustandsraumes einzeln auf.

2. Gegeben ist das Programmstück

$$y := y \ \textbf{div} \ 2; \ x := x * x \ \{x^y = 16\}$$

Welche Anfangszustände führen zu einem Endzustand aus $\{(x, y) : x^y = 16\}$? Wie können diese Anfangszustände als Zusicherung formuliert werden?

5. Spezifizieren von Programmen

Bevor ein Programmstück entwickelt werden kann, muß eine genaue Spezifikation der Aufgabenstellung vorliegen. Diese Spezifikation muß die gewünschte Wirkung des Programms festlegen, sodaß bei der Programmentwicklung keine Unklarheiten auftreten und eine exakte Überprüfung der Korrektheit des erstellten Programms möglich wird. Da eine Spezifikation nur die Wirkung des Programms definieren soll, darf sie keine Details des verwendeten Algorithmus vorwegnehmen. Dadurch ist eine Spezifikation im allgemeinen kürzer und prägnanter als das spezifizierte Programm selbst, das im Gegensatz zur Spezifikation auf einem Computer ablauffähig sein muß. Die Spezifikation definiert, **was** das Programm leisten soll, das Programm legt fest, **wie** die Spezifikation erfüllt wird. Da die Spezifikation mit dem Ablauf des Programms nicht im Zusammenhang stehen soll, genügt es, die zulässigen Zustände der Variablen vor dem Programm und die gewünschten Endzustände der Variablen nach dem Programm zu definieren. Die Anfangszustände und die Endzustände des spezifizierten Programms können mit Zusicherungen sehr gut beschrieben werden.

5.1 Spezifizieren mit Pre- und Postcondition

Mit Hilfe der beiden Zusicherungen Precondition und Postcondition kann die Wirkung eines Programms spezifiziert werden. Die *Precondition* gilt *vor* dem spezifizierten Programm und legt die zulässigen Werte der Variablen vor dem Ablauf des Programms fest. Die *Postcondition* gilt *nach* dem spezifizierten Programm und legt die gewünschten Werte der Variablen nach dem Ablauf des Programms fest.

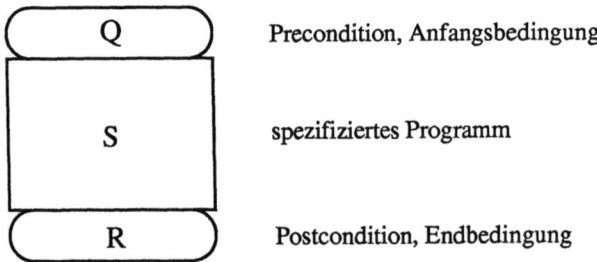

Q — Precondition, Anfangsbedingung

S — spezifiziertes Programm

R — Postcondition, Endbedingung

Die Aufgabe der Programmentwicklung ist es, ein Programmstück S zu finden, sodaß jedesmal, wenn vor dem Programm die Precondition Q erfüllt ist, das Programm terminiert und nach Termination die Postcondition R erfüllt ist.

5. Spezifizieren von Programmen

In einem linearen Programmtext werden Pre- und Postcondition in geschwungene Kommentarklammern gesetzt:

$$\{Q\} \ S \ \{R\}$$

Diese Schreibweise hat folgende Bedeutung:

Immer dann, wenn vor dem Programmstück S die Precondition Q erfüllt ist, terminiert das Programm S, und nach der Termination ist die Postcondition R erfüllt.

Für Programme, die die Spezifikation erfüllen, ist diese Aussage wahr, für Programme, die die Spezifikation nicht erfüllen, falsch.

$\{Q\} \ S \ \{R\}$ ist also auch ein Prädikat der Prädikatenlogik mit den Wahrheitswerten true und false. Das Tripel $\{Q\} \ S \ \{R\}$ bildet die Grundlage der sogenannten *Hoare-Logik*. Im Kapitel 6 über Verifikationsregeln werden wir für die verschiedenen Anweisungen Bedingungen formulieren, sodaß $\{Q\} \ S \ \{R\}$ erfüllt ist.

Wenn wir uns mit einer Spezifikation befassen wollen, ohne dabei ein konkretes Programmstück S zu betrachten, schreiben wir einfach

$$\{Q\} \ . \ \{R\}.$$

Der Punkt steht für ein beliebiges Programm, das diese Spezifikation erfüllen soll.

Um die Wirkung von Programmstücken zu beschreiben, werden wir stets Precondition und Postcondition angeben.

5.2 Beispiele für Spezifikationen

1. Beispiel: Berechnung der Summe der ersten N Elemente eines numerischen Feldes $A(i : 0 \leq i < N)$ mit den Elementen $A_0, A_1, ..., A_{N-1}$. Das Feld A und die Anzahl der Feldelemente N sollen im Programm "Summe" nicht verändert werden und werden daher als fest bezeichnet. Zur Unterscheidung von veränderlichen Variablen schreiben wir die festen Variablen stets mit Großbuchstaben.

5. Spezifizieren von Programmen

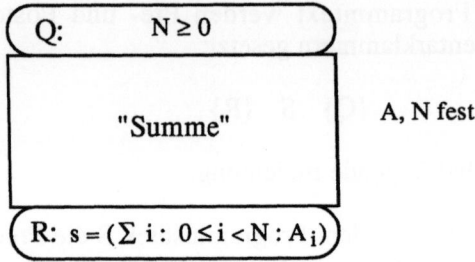

Diese Spezifikation legt keinen bestimmten Algorithmus zur Berechnung der Summe fest, es wird lediglich die gewünschte Wirkung beschrieben: Immer dann, wenn vor "Summe" $N \geq 0$ gilt, terminiert das Programm "Summe", und nachher steht in s die Summe der ersten N Feldelemente von A. Ist hingegegen N vor dem Programm Summe negativ, so ist über die Wirkung nichts ausgesagt, das Programm kann in diesem Fall entweder nicht terminieren oder beliebige Werte liefern. Das Programm "Summe" kann nur dann sinnvoll verwendet werden, wenn die Precondition Q erfüllt ist.

Beide der folgenden Programme erfüllen die Spezifikation:

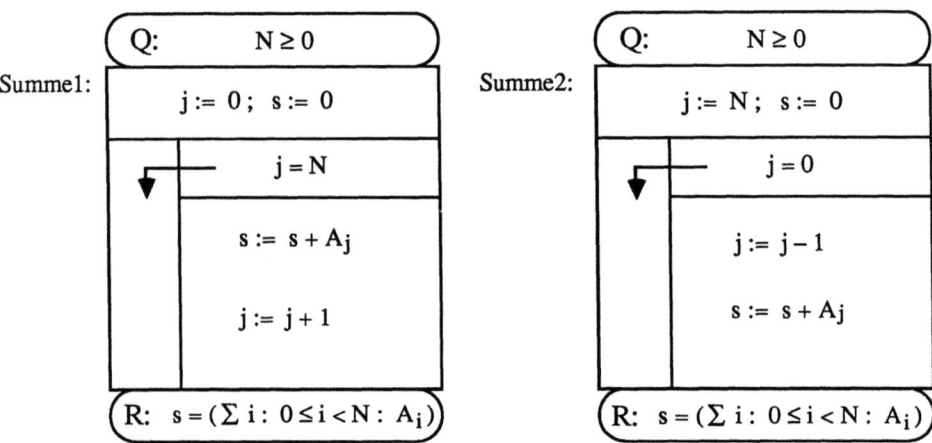

Die Reihenfolge der Summation wird durch die Spezifikation nicht festgelegt, auch die Verwendung der Hilfsvariablen j wird in der Spezifikation nicht vorweggenommen.

Es gibt somit zu jeder Spezifikation unterschiedliche Programme, die diese Spezifikation erfüllen. Sie unterscheiden sich durch die Verwendung verschiedener Algorithmen.

Für negatives N terminieren beide Programmstücke nicht. Die Wirkung des Programms ist in diesem Fall in der Spezifikation nicht definiert. Deshalb ist es auch egal, was das Programm bei negativem N macht oder ob es überhaupt terminiert.

2. Beispiel: Tauschen der Werte zweier Variablen x und y.

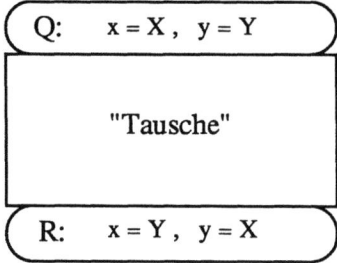

Für alle Werte von X und Y gilt:

"Jedesmal, wenn vor "Tausche" x den Wert X und y den Wert Y hat, dann terminiert "Tausche", und nachher hat x den Wert Y und y den Wert X."

Die Variablen X und Y werden als *externe Variablen* bezeichnet, da sie keine Programmvariablen sind. Mit Hilfe der externen Variablen kann man einen Zusammenhang zwischen den Werten der Variablen vor dem Programm und den Werten nach dem Programm herstellen, da die Werte der externen Variablen durch das Programm nicht verändert werden können. Wir schreiben die externen Variablen wie die festen Variablen zur Unterscheidung von den im Programm veränderbaren Variablen stets mit Großbuchstaben.

Formal exakt bedeutet diese Spezifikation in der Sprache der Prädikatenlogik:

(**All** X, Y : : {x = X **and** y = Y} "Tausche" {x = Y **and** y = X})

Eine Spezifikation mit Hilfe externer Variablen gilt also für alle beliebigen Werte der externen Variablen.

3. Beispiel: Kopieren des Wertes einer Variablen x auf eine Variable y.

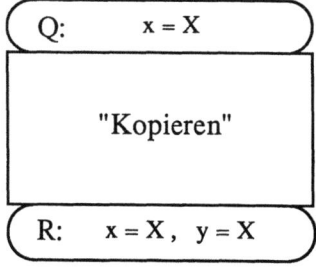

Jedesmal, wenn vor dem "Kopieren" x den Wert X hat, terminiert "Kopieren", und nachher haben sowohl x als auch y den Wert X.

Der Wert von y vor dem Kopieren kann beliebig sein, er ist durch die Spezifikation nicht festgelegt. Die Zusicherung $x = X$ gilt sowohl vor als auch nach dem Kopieren, sie ist *invariant*. Sie bedeutet, daß der Wert von x vor und nach dem Kopieren gleich sein muß, es darf allerdings der Wert von x während des Programms Kopieren vorübergehend geändert werden.

4. Beispiel: Quadrieren einer Variablen x.

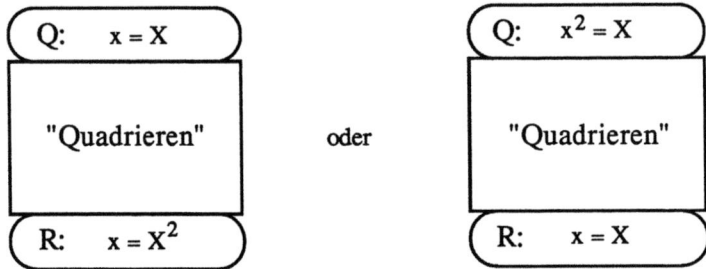

Diese beiden unterschiedlichen Spezifikationen sind gleichwertig, sie spezifizieren die gleiche Klasse von Programmen.

5. Beispiel: Wurzelziehen.

Betrachten wir folgende Spezifikation für ganzzahliges x :

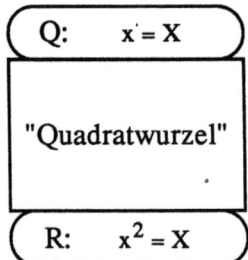

Sie bedeutet im wesentlichen: Jedesmal, wenn vor dem Programm "Quadratwurzel" x den Wert X hat, hat nachher x den Wert $\sqrt{X}$. Das ist nur scheinbar eine passende Spezifikation für die Quadratwurzel. Betrachten wir den Fall x = –2 vor dem Programm, dann müßte x nachher den Wert $\sqrt{-2}$ haben, ein Wert, der sicher nicht ganzzahlig ist. Um nichtreelle Ergebnisse auszuschließen, muß $X \geq 0$ als zusätzliche Anfangsbedingung gewählt werden. Aber auch der Fall x = 2 vor dem Wurzelziehen liefert mit $\sqrt{2}$ kein ganzzahliges Ergebnis.

Eine bessere Spezifikation des Wurzelziehens für ganzzahliges x wäre:

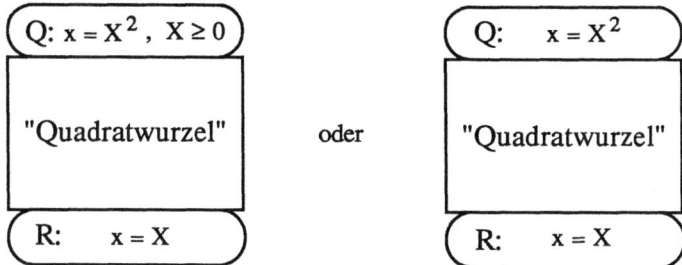

Die linke Spezifikation erzwingt das Berechnen der positiven Quadratwurzel, die rechte Spezifikation läßt hingegen offen, ob die positive oder die negative Quadratwurzel berechnet werden soll. Beide Spezifikationen sind allerdings nur für die Berechnung der Wurzel von Quadratzahlen geeignet. Wenn x vor dem Wurzelziehen keine Quadratzahl ist, so ist durch diese Spezifikation keine Wirkung festgelegt.

Ist eine ganzzahlige Näherungslösung der Quadratwurzel einer beliebigen ganzen Zahl gesucht, bietet sich folgende Spezifikation an:

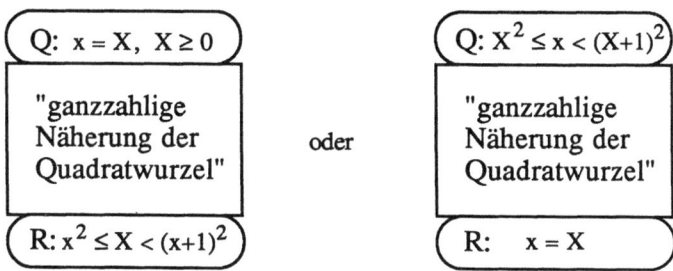

Bei beiden Spezifikationen wird als Ergebnis stets die ganzzahlige Näherung der positiven Quadratwurzel festgelegt.

6. Beispiel: Maximum zweier Zahlen.

Die Variable m soll den größeren Wert der Variablen x und y erhalten.

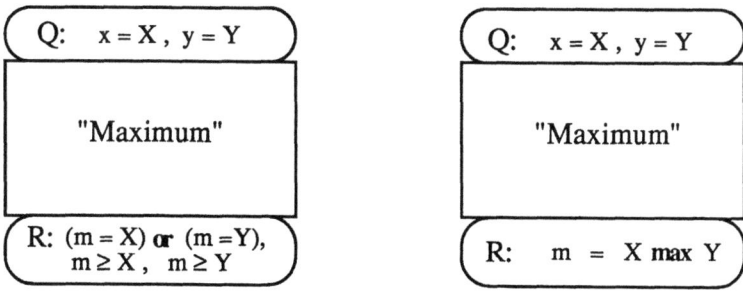

Die beiden Spezifikationen sind identisch, die rechte verwendet den Operator **max** zur Berechnung des Maximums zweier Werte. Das Programm "Maximum" darf bei diesen Spezifikationen die Variablen x und y verändern. Sollen x und y unverändert bleiben, so muß die Bedingung x = X , y = Y auch nach dem Programm "Maximum" gelten.

Die Angabe der festen Variablen durch invariante Bedingungen der Form x = X, y = Y ist ziemlich umständlich. Um nur die wesentlichen Dinge mit Zusicherungen zu beschreiben, verwenden wir lieber die mit Großbuchstaben bezeichneten festen Variablen. Auf diese Weise sparen wir die zusätzlichen externen Variablen ein:

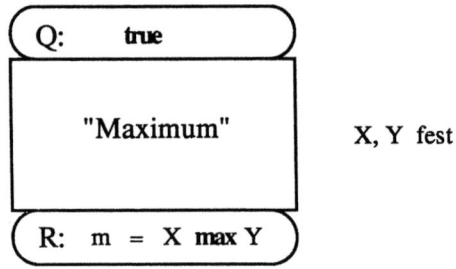

Die Precondition **true** bedeutet, daß keine Einschränkungen an die Werte X und Y vor dem Programm "Maximum" bestehen.

7. *Beispiel:* Maximum der ersten N Elemente eines Feldes A(i : 0 ≤ i < N), A und N sind fest.

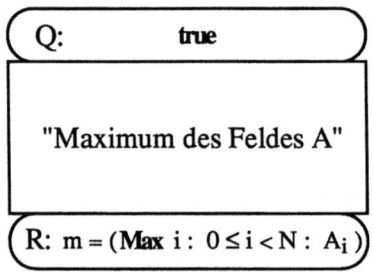

Das Feld A und die ganze Zahl N werden hier mit Großbuchstaben geschrieben, da sie wie die externen Variablen im Programm unverändert bleiben müssen.

8. *Beispiel:* Sortieren eines Feldes a(i : 0 ≤ i < N).

Die Werte des Feldes a sollen aufsteigend sortiert werden.

5. Spezifizieren von Programmen

Um die Postcondition prägnant formulieren zu können, definieren wir ein Prädikat

$$\text{sortiert}(a) : (\textbf{All } i, j : 0 \leq i < j < N : a_i \leq a_j).$$

Es bedeutet, daß ein jedes Element a_i kleiner oder gleich a_j ist, wenn es im Feld links von a_j steht (also wenn $i < j$ ist), und somit das gesamte Feld a sortiert ist.

Die Spezifikation

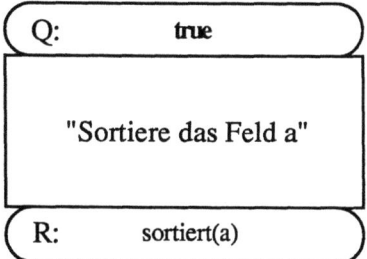

legt fest, daß das Feld a nach dem Programm aufsteigend sortiert ist. Sie legt allerdings nicht fest, daß das sortierte Feld noch dieselben Werte wie vor dem Programm enthält. Ein Programm, das zum Beispiel jedem Feldelement den gleichen Wert zuweist, würde diese Spezifikation ebenfalls erfüllen, aber natürlich nicht die ursprünglichen Werte von a sortieren.

Zur Beschreibung des "Erhaltens der Werte von a" verwenden wir ein Prädikat Perm(a, b) (Abk. für Permutation), es ist im Abschnitt 3.2.4 Selbstdefinierte Prädikate formal definiert worden:

Perm(a, b) sei genau dann erfüllt, wenn das Feld a eine Permutation des Feldes b ist, also dieselben Werte in irgendeiner anderen Reihenfolge enthält. Mit diesem Prädikat erhalten wir eine geeignete Spezifikation für das Sortieren:

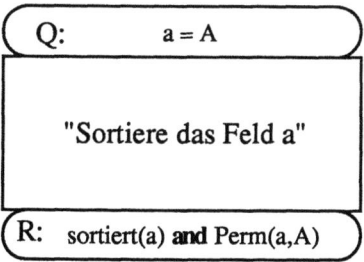

9. Beispiel: Der große Fermat.

Ein klassisches, bis heute ungelöstes Problem der Zahlentheorie geht auf den berühmten Mathematiker Pierre de Fermat (1601 - 1665) zurück.

Das Problem läßt sich sehr einfach formulieren:
Für welche natürlichen Zahlen n kann man drei positive ganze Zahlen x, y und z finden, sodaß die Gleichung

$$x^n + y^n = z^n$$

erfüllt ist?

Für n = 0 gibt es keine Lösung, denn für beliebige Werte x, y, z gilt:

$$x^0 + y^0 = 1 + 1 = 2 \neq 1 = z^0.$$

Für n = 1 und n = 2 kann man sehr einfach Lösungen finden:

$$2^1 + 5^1 = 7^1$$
$$99^1 + 97^1 = 196^1$$
$$3^2 + 4^2 = 5^2$$
$$5^2 + 12^2 = 13^2$$
usw.

Für n = 2 heißen die Lösungen (x, y, z) Pythagoräische Zahlentripel, da sie ganzzahlige Seitenlängen von rechtwinkeligen Dreiecken darstellen.

Fermat vermutete, daß es für alle natürlichen Zahlen n ≥ 3 keine ganzzahligen Lösungen gibt. In einer kurzen Randbemerkung behauptete er, einen Beweis dafür zu kennen. Dieser Beweis ist jedoch bis heute nicht gefunden worden, auch kein Mathematiker nach Fermat konnte die Vermutung beweisen. Es ist aber bis heute auch für keine natürliche Zahl n ≥ 3 gelungen, drei positive ganze Zahlen zu finden, die die Gleichung erfüllen. Zwar wurde für sehr viele natürliche Zahlen n ≥ 3 bewiesen, daß es keine ganzzahlige Lösung gibt, aber leider noch nicht für alle. Aus diesen Gründen ist es zwar wahrscheinlich, aber nicht sicher, daß die Gleichung nur für n = 1 und n = 2 Lösungen besitzt.

Wir wollen hier ein Programm spezifizieren, das feststellen soll, ob es für eine gegebene natürliche Zahl n eine ganzzahlige Lösung von $x^n + y^n = z^n$ gibt. Die Variable f soll genau dann den Wert **true** liefern, wenn eine solche Lösung existiert.

5. Spezifizieren von Programmen

```
Q:        n = N  and  N ≥ 0

              "Fermat"

R:  f = (Ex x,y,z : x,y,z ganz und positiv :
                   $x^N + y^N = z^N$ )
```

Dieses Programm ist sehr einfach zu spezifizieren, aber nach dem bisherigen Wissensstand nicht zu verifizieren: Das Programm f := (n = 1) **or** (n = 2) erfüllt die Spezifikation genau dann, wenn die Fermatsche Vermutung richtig ist.

Dieses Beispiel soll zeigen, daß es mit Hilfe der Prädikatenlogik leicht sein kann, auch sehr komplizierte Probleme zu spezifizieren. Festzustellen, ob ein Programm auch tatsächlich eine Spezifikation erfüllt, ist aber manchmal sehr aufwendig oder sogar unmöglich.

10. Beispiel: Spezifikation eines Compilers.

Ein Compiler, der ein Programm p von einer Programmiersprache x in eine Programmiersprache y übersetzt, kann mit entsprechenden Prädikaten leicht spezifiziert werden:

```
Q:   x(p)  and  p = P

         "Compiler(x,y)"

R:  y(p)  and  äquivalent(p,P)
```

Die eigentliche Schwierigkeit dieses Beispiels liegt in der geeigneten Definition der Prädikate x, y und äquivalent.

11. Beispiel: Widersprüchliche Spezifikationen.

Ist eine Spezifikation so eng gefaßt, daß es kein Programm gibt, das die Spezifikation erfüllt, dann wird sie als widersprüchlich bezeichnet.

Ein einfaches Beispiel:

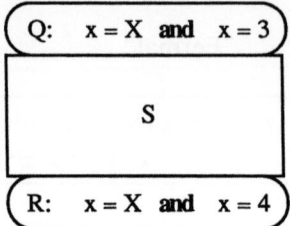

Die Variable x kann nicht gleichzeitig unverändert bleiben und vorher und nachher verschiedene Werte annehmen. Daher kann es auch kein Programm zu dieser Spezifikation geben.

Bei folgender Spezifikation ist bereits die Postcondition widersprüchlich und läßt sich zu **false** vereinfachen.

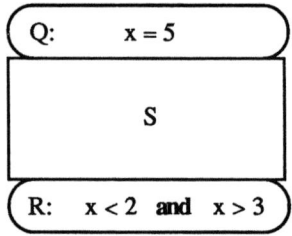

Es kann kein Programm geben, das im Zustand x = 5 beginnt, in endlicher Zeit terminiert und sich dann in keinem Endzustand befindet.

Schwieriger zu erkennen ist die Widersprüchlichkeit bei den sogenannten unberechenbaren Problemen, die in der Algorithmentheorie untersucht werden. Das sind jene Probleme, die so schwierig sind, daß es keine Programme geben kann, die diese Probleme lösen. Folgende Probleme sind nicht berechenbar, sie können daher auch nicht mit einem Programm allgemein gelöst werden:

- Feststellen, ob zwei Programme die gleiche Wirkung haben.
- Feststellen, ob ein beliebiges gegebenes Programm überhaupt terminiert.
- Feststellen, ob ein Programm eine Spezifikation erfüllt.
- Ein Programm zu einer Spezifikation generieren.
- Feststellen, ob zwei Spezifikationen die gleiche Klasse von Programmen festlegen.

Diese Aufgaben lassen sich nur in Einzelfällen für bestimmte Programme und Spezifikationen lösen, sind aber nicht für beliebige Programme und Spezifikationen algorithmisch lösbar.

5. Spezifizieren von Programmen

Sie lassen sich aber sehr wohl mit Hilfe von Pre- und Postcondition spezifizieren.

Zum Beispiel gibt es zu folgender Spezifikation kein Programm!

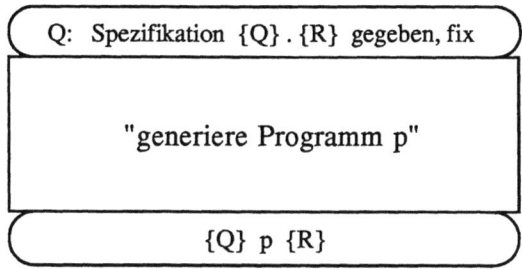

Im wesentlichen bedeutet die Unmöglichkeit, diese Spezifikation zu erfüllen, daß die Programmierung nicht vollständig automatisiert werden kann. Es wird auch in Zukunft ein Programmierer mit seinen Ideen notwendig sein, um Programme zu erstellen. Daraus darf man aber nicht ableiten, daß überhaupt kein Programm aus einer Spezifikation generiert werden kann. Für bestimmte Klassen von Spezifikationen ist es durchaus möglich, Programmgeneratoren zu entwickeln.

Aus den Beispielen kann man erkennen, daß

es unterschiedliche Spezifikationen gibt, die die gleiche Klasse von Programmen spezifizieren.

es Spezifikationen gibt, die widersprüchlich sind und kein Programm spezifizieren.

Spezifikationen sorgfältig erstellt werden müssen, um genau die beabsichtigte Wirkung zu definieren und nicht mehr und nicht weniger.

Im Sinne des Information-Hiding und zur Unterstützung der arbeitsteiligen, modularen Programmierung stellt die Spezifikation eines Programmstücks die Schnittstelle (Interface) zu anderen Programmteilen dar. Sie beschreibt vollständig die Wirkung des Programmstücks. Die Realisierung und der genaue Programmablauf müssen nach außen nicht sichtbar sein.

Aufgaben zu 5:

Spezifizieren Sie folgende Aufgaben mit Pre- und Postcondition:

1. Von den beiden streng monoton steigend sortierten Feldern $A(i : 0 \leq i < M)$ und $B(i : 0 \leq i < N)$ soll die Anzahl der gleichen Elemente berechnet werden.

2. Die Länge der längsten steigend sortierten Sequenz eines unsortierten Feldes $A(i : 0 \leq i < N)$ soll ermittelt werden. Eine Sequenz ist dabei eine Folge unmittelbar aufeinanderfolgender Elemente, etwa $A(i : q \leq i < r)$.

3. In einem Feld $A(i : 0 \leq i < N)$, das steigend sortiert werden soll, werden je zwei Elemente A_i und A_j mit $i < j$ als Fehlstand bezeichnet, wenn $A_i > A_j$ ist. Ein Programm soll die Anzahl der Fehlstände berechnen.

4. Ein Feld $a(i : 0 \leq i < N)$ soll so permutiert werden, daß alle Elemente a_i auf einen neuen Platz kommen.

5. Eine Dezimalzahl d soll in das binäre Zahlensystem umgewandelt werden. Die einzelnen Binärziffern sollen in einem Feld $b(i : 0 \leq i < N)$ gespeichert werden.

6. Verifikationsregeln (Verification rules)

In diesem Kapitel werden Regeln für den Beweis der Korrektheit von Programmen angegeben. Dabei werden die Programme konstruktiv aus einfacheren Teilstrukturen zusammengesetzt und dadurch wichtige Anhaltspunkte für die Programmentwicklung geliefert.

Ein Programm S kann als Strukturblock dargestellt werden:

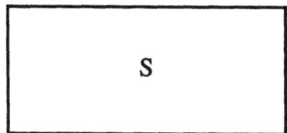

Jeder Strukturblock kann aus einer der drei grundlegenden Strukturen Sequenz (Folge von Anweisungen), Alternative (Verzweigung) und Iteration (Schleife) aufgebaut sein.

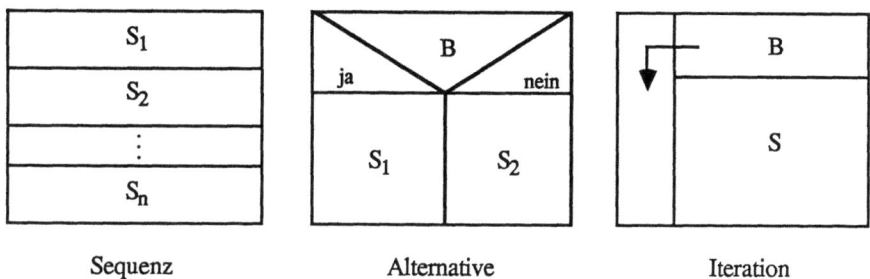

Sequenz   Alternative   Iteration

Jeder mit S oder S_i bezeichnete Strukturblock kann wieder aus einer dieser Strukturen bestehen.

Die Korrektheit einer Struktur wird aufgrund der Korrektheit der Teilstrukturen bewiesen. Dadurch kann eine komplexe Programmstruktur schrittweise durch korrektes Zusammensetzen aus einfacheren Strukturen verifiziert werden.

Die folgenden Regeln können auch als axiomatisches Regelsystem zur Definition der Semantik (Wirkung) der einzelnen Anweisungen interpretiert werden (Axiomatische Semantik).

6. Verifikationsregeln

Eine grundlegende und sehr wichtige Regel, die für beliebige Programmstücke und alle Programmstrukturen anwendbar ist, ist die Konsequenz-Regel.

6.1 Konsequenz-Regeln

Eine gegebene Spezifikation mit Precondition Q und Postcondition R wird von manchen Programmen erfüllt, von anderen nicht erfüllt. Ist nun ein Programmstück S gemeinsam mit seiner Precondition Q' und seiner Postcondition R' gegeben, so interessiert uns, unter welchen Bedingungen das Programmstück {Q'} S {R'} auch die Spezifikation {Q} . {R} erfüllt.

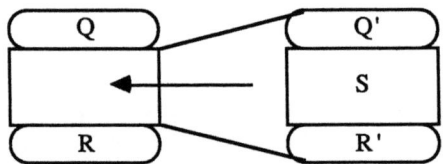

      Spezifikation   gegebenes Programmstück

Die beiden Bedingungen $Q \Rightarrow Q'$ und $R' \Rightarrow R$ sind klarerweise hinreichend dafür, daß das Programmstück {Q'} S {R'} auch die Spezifikation {Q} . {R} erfüllt, d.h. daß auch {Q} S {R} gilt.

Dieser Sachverhalt kann in Form einer Schlußregel (engl.: rule of inference) beschrieben werden:

Konsequenz-Regel: $\quad \dfrac{Q \Rightarrow Q'\, , \, \{Q'\}\ S\ \{R'\}\, , \, R' \Rightarrow R}{\{Q\}\ S\ \{R\}}$

Der Schlußstrich hat folgende Bedeutung: Aus der Gültigkeit der Bedingungen (Voraussetzungen) über dem Strich folgt die Gültigkeit der Bedingung (Schlußfolgerung) unter dem Strich.

Wir lesen die Konsequenz-Regel also folgendermaßen: Wenn die drei Bedingungen $Q \Rightarrow Q'$, {Q'} S {R'} und $R' \Rightarrow R$ erfüllt sind, dann gilt auch {Q} S {R}.

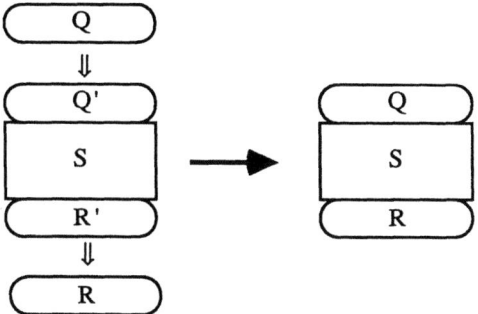

Mit Hilfe der Definition des Tripels {Q} S {R} kann man diese Regel auch beweisen: Wenn Q gilt, dann gilt auch Q'. Jedesmal, wenn Q' vor dem Programmstück S erfüllt ist, dann terminiert S, und nachher ist R' erfüllt. Wenn R' erfüllt ist, dann gilt auch R. Daher gilt: Jedesmal, wenn Q vor S erfüllt ist, terminiert S, und nachher gilt R, was mit {Q} S {R} gleichbedeutend ist.

Das Programm {Q'} S {R'} erfüllt also auch jede Spezifikation mit einer schärferen Precondition als Q' und einer schwächeren Postcondition als R'.

Beispiel: Gegeben ist die Spezifikation {Q: $x \leq y$} . {R: $y \leq x$}

Das Programm
$$\{\text{true}\} \; S \; \{x = y + 2\}$$

erfüllt die Spezifikation, da die Bedingungen

$$x \leq y \quad \Rightarrow \quad \text{true}$$
$$\text{und} \quad x = y + 2 \quad \Rightarrow \quad y \leq x$$

stets erfüllt sind.

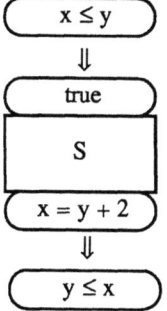

Die Konsequenz-Regel kann auch etwas anders interpretiert werden:

Ist {Q'} S {R'} gegeben, dann kann jederzeit die Precondition Q' durch eine schärfere Precondition Q und die Postcondition R' durch eine schwächere Postcondition R ersetzt werden, sodaß weiterhin {Q} S {R} gilt.

Zwischenbemerkung:

Da die Implikation $\Rightarrow$ bei dieser Regel eine besondere Rolle spielt, geben wir hier eine Reihe von gleichwertigen Formulierungen für die Implikation an.

Folgende Formulierungen sind gleichwertig:

    A $\Rightarrow$ B
    aus A folgt B
    B folgt aus A
    wenn A gilt, dann gilt auch B
    A impliziert B
    B wird von A impliziert
    A ist hinreichend für B
    B ist notwendig für A
    A ist schärfer als B
    B ist schwächer als A
    A ist Teilmenge von B
    B ist Obermenge von A

Bei den beiden letzten Formulierungen wird jede Zusicherung mit der Menge aller Programmzustände, in denen die Zusicherung erfüllt ist, identifiziert.

Die beiden Bedingungen Q $\Rightarrow$ Q' und R' $\Rightarrow$ R sind hinreichende Voraussetzungen für die Konsequenz-Regel, sie sind aber keine notwendigen Voraussetzungen. Im folgenden Beispiel wird ein Programmstück {Q'} S {R'} angegeben, das zwar die Spezifikation {Q} S {R} erfüllt, aber nicht die Voraussetzungen der Konsequenz-Regel.

Beispiel: Gegeben ist wieder die Spezifikation

$$\{Q: x \leq y\} \ . \ \{R: y \leq x\}$$

und ein Programmstück S zum Vertauschen der Inhalte von x und y. Es hat die Spezifikation

$$\{Q': x = X \text{ and } y = Y\} \ S \ \{R': y = X \text{ and } x = Y\}.$$

S erfüllt zwar die gegebene Spezifikation {Q} S {R}, es gilt aber weder die Implikation $(x \leq y) \Rightarrow (x = X \text{ and } y = Y)$ noch $(y = X \text{ and } x = Y) \Rightarrow (y \leq x)$.

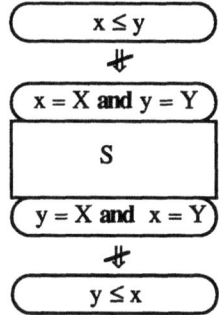

Eine Verallgemeinerung der Konsequenz-Regel, mit der auch dieses Beispiel behandelt werden kann, wird im Kapitel 10 (Unterprogramme) angegeben.

Die beiden Implikationen $Q \Rightarrow Q'$ und $R' \Rightarrow R$ sind also hinreichend, aber nicht notwendig dafür, daß das gegebene Programmstück {Q'} S {R'} eine Spezifikation {Q} . {R} erfüllt. Die Konsequenz-Regel ist aber dennoch von grundlegender Bedeutung für die Verifikation. Wir werden sie schon bei den Beweisen der folgenden Regeln mehrmals verwenden.

In den beiden Sonderfällen, daß Q mit Q' oder R mit R' identisch ist, erhält man aus der Konsequenz-Regel die beiden folgenden Regeln. Beide gemeinsam sind mit der Konsequenz-Regel äquivalent.

$$\frac{Q \Rightarrow Q', \{Q'\} S \{R\}}{\{Q\} S \{R\}} \qquad \frac{\{Q\} S \{R'\}, R' \Rightarrow R}{\{Q\} S \{R\}}$$

Sind von einem Programm S zwei Spezifikationen mit Pre- und Postcondition gegeben, dann kann mit folgender Regel eine weitere Spezifikation abgeleitet werden:

$$\frac{\{Q_1\} S \{R_1\}, \{Q_2\} S \{R_2\}}{\{Q_1 \text{ and } Q_2\} S \{R_1 \text{ and } R_2\}}$$

Sind die beiden Voraussetzungen erfüllt, dann terminiert S bei jedem Start in einem Anfangszustand aus Q_1 **and** Q_2 sowohl in einem Endzustand aus R_1 als auch in einem Endzustand aus R_2. Daher terminiert S in einem Zustand aus R_1 **and** R_2.

Im Spezialfall einer invarianten Zusicherung I erhalten wir folgende Regel:

$$\frac{\{Q\} S \{R\}, \{I\} S \{I\}}{\{Q \text{ and } I\} S \{R \text{ and } I\}}$$

Eine invariante Zusicherung kann daher konjunktiv zu Pre- und Postcondition hinzugefügt werden.

Aufgaben zu 6.1:

1. Zeigen Sie, daß folgende Regel gilt:

$$\frac{\{Q_1\}\ S\ \{R_1\}\ ,\ \{Q_2\}\ S\ \{R_2\}}{\{Q_1\ \text{or}\ Q_2\}\ S\ \{R_1\ \text{or}\ R_2\}}$$

2. Zeigen Sie mit Hilfe der Konsequenz-Regel, daß

$$\frac{\{Q\}\ S\ \{R\}}{\{Q\ \text{and}\ B_1\}\ S\ \{R\ \text{or}\ B_2\}}$$

für beliebige Zusicherungen B_1 und B_2 gilt.

6.2 Die Zuweisung

6.2.1 Die Zuweisung an eine einfache Variable x := A

Die Zuweisung x := A verändert den Wert der Variablen x. Nach der Zuweisung hat x den Wert des Ausdrucks A, gleichgültig welchen Wert x vor der Zuweisung hat. Damit nach der Zuweisung eine gegebene Postcondition R(x) gelten kann, muß vor der Zuweisung die Bedingung R(A) gelten.

$$\{R(A)\}\ x := A\ \{R(x)\}$$

Damit diese Tatsache auch ohne künstlichen Parameter x in der Postcondition formuliert werden kann, wird folgende Schreibweise definiert:

R_A^x ... die Zusicherung R, in der alle (freien) Vorkommen von x durch den Ausdruck A ersetzt sind.

Mit dieser Schreibweise erhält man das folgende Zuweisungsaxiom:

Zuweisungsaxiom $\{R_A^x\}\ x := A\ \{R\}$

Die Zuweisung kann nicht in weitere Teilanweisungen geteilt werden, sie ist atomar in der Programmstruktur. Ihre Semantik wird daher durch ein Axiom definiert.

6. Verifikationsregeln

Das Zuweisungsaxiom gibt auch eine Vorschrift an, wie aus einer gegebenen Postcondition R eine passende Precondition ermittelt werden kann: Es müssen alle Vorkommen der Programmvariablen x in R durch den Ausdruck A ersetzt werden.

In den folgenden Beispielen berechnen wir die Precondition aus der entsprechenden Postcondition:

Beispiele:

Es gilt: 1. $\{x + 1 = y\}$ $x := x + 1$ $\{x = y\}$

2. $\{y = a * y + b\}$ $x := y$ $\{x = a * x + b\}$

3. $\{x + y = y\}$ $x := x + y$ $\{x = y\}$
oder vereinfacht: $\{x = 0\}$ $x := x + y$ $\{x = y\}$

6.2.2 Die Mehrfachzuweisung

Für die Mehrfachzuweisung $x_1, x_2 \ldots, x_n := A_1, A_2 \ldots, A_n$ gilt ein entsprechend verallgemeinertes Axiom. Mit der verallgemeinerten Schreibweise

$R_{A_1 A_2 \ldots A_n}^{x_1 x_2 \ldots x_n}$ ... die Zusicherung R, in der alle (freien) Vorkommen von $x_1, x_2 \ldots, x_n$ in R durch die Ausdrücke $A_1, A_2 \ldots, A_n$ ersetzt sind

kann das Zuweisungsaxiom für Mehrfachzuweisungen verallgemeinert werden.

Zuweisungsaxiom für die Mehrfachzuweisung

$\{R_{A_1 A_2 \ldots A_n}^{x_1 x_2 \ldots x_n}\}$ $x_1, x_2 \ldots, x_n := A_1, A_2 \ldots, A_n$ $\{R\}$

Die Reihenfolge der Ersetzung der Variablen x_i durch ihre entsprechenden Ausdrücke A_i spielt keine Rolle. Es werden nur diejenigen x_i ersetzt, die in R frei vorkommen, aber nicht diejenigen, die durch Ersetzen eventuell hinzugekommen sind. Man sagt deshalb, daß die Variablen simultan ersetzt werden.

Die Mehrfachzuweisung $x, y := y, x$ ist *nicht* gleichbedeutend mit $x := y; y := x$. Sie kann aber mit Hilfsvariablen h_1 und h_2 in eine Sequenz von einfachen Zuweisungen zerlegt werden: $h_1 := x; h_2 := y; x := h_2; y := h_1$.

Durch das Verwenden von Mehrfachzuweisungen können solche Hilfsvariablen vermieden werden.

Beispiele:

1. Es gilt: $\{x = X \text{ and } y = Y\}$ $x, y := y, x$ $\{y = X \text{ and } x = Y\}$

Die Precondition entspricht der Postcondition, in der x und y simultan durch y und x ersetzt sind.

2. Es gilt nach dem Zuweisungsaxiom für Mehrfachzuweisungen:

$\{s + A_i = (\Sigma k : 0 \leq k < i + 1 : A_k)\}$
$s, i := s + A_i, i + 1$
$\{s = (\Sigma k : 0 \leq k < i : A_k)\}$

Die Precondition läßt sich durch Subtraktion von A_i zu $\{s = (\Sigma k : 0 \leq k < i : A_k)\}$ vereinfachen. Wir erhalten:

$\{s = (\Sigma k : 0 \leq k < i : A_k)\}$ $s, i := s + A_i, i + 1$ $\{s = (\Sigma k : 0 \leq k < i : A_k)\}$

Die Bedingung $\{s = (\Sigma k : 0 \leq k < i : A_k)\}$ ist also invariant bezüglich der Anweisung $s, i := s + A_i, i + 1$.

6.3 Die Sequenz

Zwei Programmstücke S_1 und S_2 können zu einem Programmstück $S_1; S_2$ zusammengesetzt werden, wenn die Postcondition von S_1 mit der Precondition von S_2 identisch ist.

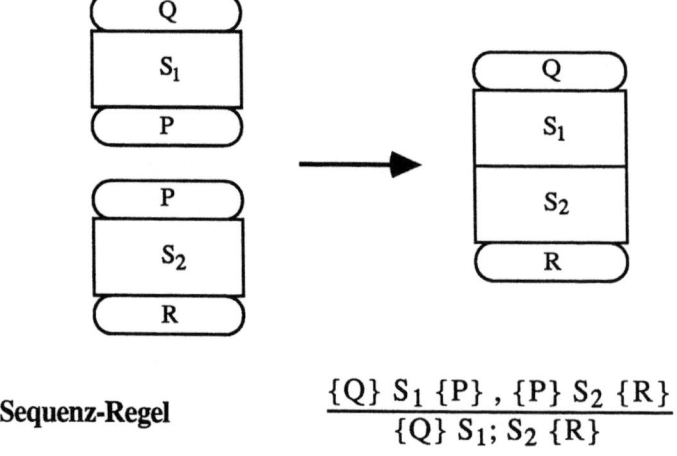

Sequenz-Regel

$$\frac{\{Q\} \, S_1 \, \{P\} \, , \, \{P\} \, S_2 \, \{R\}}{\{Q\} \, S_1; S_2 \, \{R\}}$$

6. Verifikationsregeln

Diese Regel ist klar und einsichtig. Sie kann zur Definition der Semantik der Sequenz verwendet werden.

Beispiel: Ein Programmstück S_1, das die Summe s der ersten N Elemente eines Feldes A berechnet, und ein Programmstück S_2, das daraus den Mittelwert m berechnet, sollen zusammengesetzt werden.

$$\{\textbf{true}\} \; S_1 \; \{s = (\Sigma \, i : 0 \leq i < N : A_i)\}$$
$$\{s = (\Sigma \, i : 0 \leq i < N : A_i)\} \; S_2 \; \{m = (\Sigma \, i : 0 \leq i < N : A_i) / N\}$$

Die zusammengesetzte Anweisung hat dann folgende Wirkung:

$$\{\textbf{true}\} \; S_1; S_2 \; \{m = (\Sigma \, i : 0 \leq i < N : A_i) / N\}$$

Mit Hilfe der Konsequenz-Regel kann die Sequenz-Regel verallgemeinert werden: Die Postcondition von S_1 muß nicht mit der Precondition von S_2 identisch sein, es genügt, wenn die Postcondition von S_1 schärfer als die Precondition von S_2 ist.

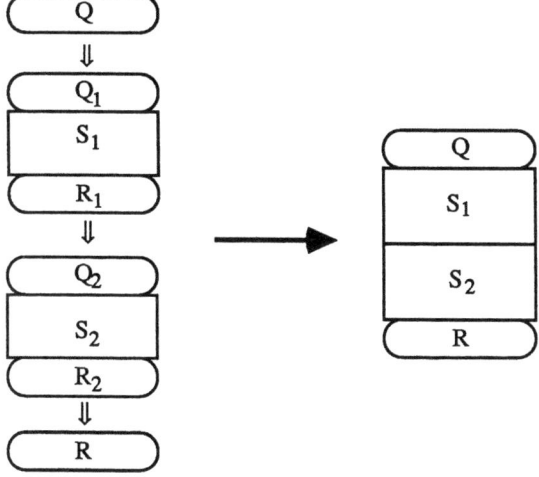

Sequenz-Regel I

$$\frac{Q \Rightarrow Q_1 \, , \, \{Q_1\} \, S_1 \, \{R_1\} \, , \, R_1 \Rightarrow Q_2 \, , \, \{Q_2\} \, S_2 \, \{R_2\} \, , \, R_2 \Rightarrow R}{\{Q\} \, S_1; S_2 \, \{R\}}$$

Beweis: Es gilt:

$$\frac{Q \Rightarrow Q_1 \,,\, \{Q_1\}\, S_1\, \{R_1\} \,,\, R_1 \Rightarrow Q_2}{\{Q\}\, S_1\, \{Q_2\}} \quad \text{(Konsequenz-Regel)}$$

und

$$\frac{\{Q_2\}\, S_2\, \{R_2\} \,,\, R_2 \Rightarrow R}{\{Q_2\}\, S_2\, \{R\}} \quad \text{(Konsequenz-Regel)}$$

Aus den Voraussetzungen folgt also $\{Q\}\, S_1\, \{Q_2\}$ und $\{Q_2\}\, S_2\, \{R\}$, woraus man mit Hilfe der einfachen Sequenz-Regel die Gültigkeit von $\{Q\}\, S_1;\, S_2\, \{R\}$ schließen kann.

Werden mehr als zwei Programmstücke zusammengesetzt, so wird die Sequenz-Regel mehrmals angewendet. Für n Programmstücke ergibt sich folgende Regel:

Sequenz-Regel II

$$\frac{Q \Rightarrow Q_1 \,,\, \{Q_i\}\, S_i\, \{R_i\}\; _{1\le i\le n}\,,\, R_i \Rightarrow Q_{i+1}\; _{1\le i < n}\,,\, R_n \Rightarrow R}{\{Q\}\, S_1;\, S_2;\, \ldots;\, S_n\, \{R\}}$$

Damit die Anweisungen S_i zu einer Sequenz von Anweisungen zusammengesetzt werden können, muß die Postcondition R_i jeder Anweisung S_i die Precondition Q_{i+1} der nachfolgenden Anweisung S_{i+1} implizieren.

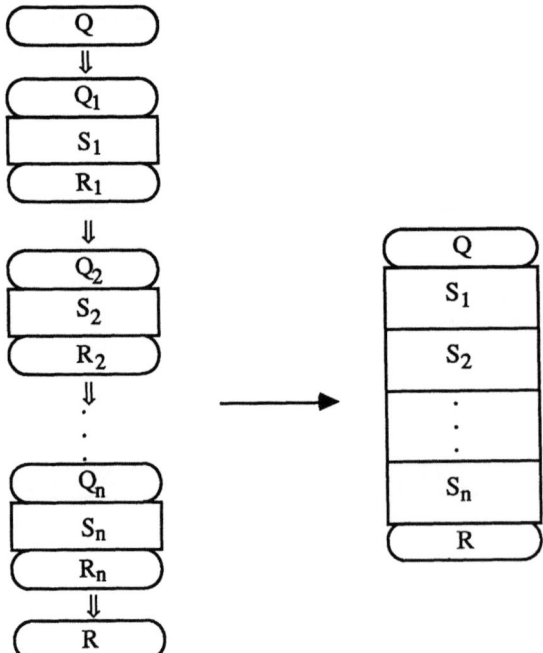

6.4 Die Alternative (if-Anweisung)

Mit Precondition Q und Postcondition R hat die Alternative folgende Gestalt:

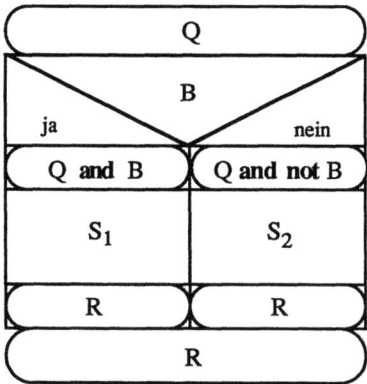

Die Alternative ist aus den beiden Programmstücken S_1 und S_2 und einer Bedingung B zusammengesetzt. Die if-Regel gibt an, unter welchen Voraussetzungen zwei Programmstücke S_1 und S_2 und eine Bedingung B zu einer Alternative mit Precondition Q und Postcondition R zusammengesetzt werden können:

if-Regel $\quad \dfrac{\{Q \text{ and } B\}\ S_1\ \{R\}\ ,\ \{Q \text{ and not } B\}\ S_2\ \{R\}}{\{Q\}\ \text{if B then } S_1 \text{ else } S_2\ \{R\}}$

Die Regel bedeutet: Die Programme S_1 und S_2 können zu einer if-Anweisung

$\{Q\}$ **if B then S_1 else S_2** $\{R\}$

zusammengesetzt werden, wenn

$\{Q \text{ and } B\}\ S_1\ \{R\}$ und $\{Q \text{ and not } B\}\ S_2\ \{R\}$ gilt.

Beispiel: Maximum zweier Zahlen

Gegeben sind zwei Zahlen a und b. Ein Programmstück S soll das Maximum m der beiden festen Zahlen a und b berechnen.

Spezifikation: $\quad \{Q: \textbf{true}\}\ S\ \{R: m = a \textbf{ max } b\}$

Das Maximum ist entweder a oder b. Das Maximum ist a, wenn $a \geq b$ gilt, und b, wenn **not** $a \geq b$ gilt.

Es gelten also folgende Pre- und Postconditions:

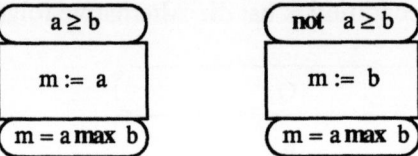

Wir wählen als Bedingung B: a ≥ b und als Precondition Q: **true**. Damit sind die Voraussetzungen der if-Regel erfüllt und die beiden Anweisungen können zu einer if-Anweisung zusammengesetzt werden.

Das zu einer if-Anweisung zusammengesetzte Programm hat folgende Gestalt:

a, b fest

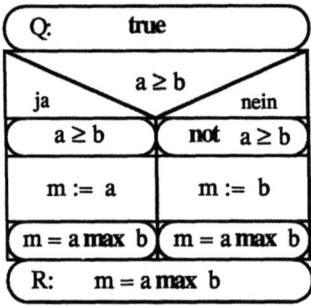

6.5 Die Iteration (Schleife)

Das wiederholte Ausführen von Programmteilen macht die Mächtigkeit von Programmiersprachen aus. Die Iteration steht daher im Brennpunkt unserer Betrachtungen. Das Konzept der invarianten Bedingung erlaubt es, die Iteration, trotz ihres dynamischen Charakters, statisch zu betrachten.

Wir unterscheiden die Iteration mit null oder mehr Wiederholungen (while) und die Iteration mit mindestens einer Wiederholung (repeat). Die while-Schleife ist etwas einfacher zu behandeln und kann in fast allen Fällen die repeat-Schleife ersetzen.

6.5.1 Die while-Schleife

Die while-Schleife wird mit folgendem Struktogramm dargestellt:

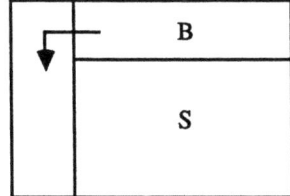

Der Rumpf S der Iteration wird so lange wiederholt ausgeführt, bis die Abbruchbedingung B erfüllt ist. Der Rumpf S kann dabei gar nicht (wenn B bereits zu Beginn erfüllt ist) oder öfters wiederholt werden. In einem linearen Programmtext schreiben wir gleichbedeutend zum obigen Struktogramm

while not B **do** S

Bei der Schreibweise **while not** B **do** S wird der Schleifenrumpf S wiederholt ausgeführt, solange die Abbruchbedingung B *nicht* erfüllt ist. Daher muß hier B explizit mit **not** negiert werden.

Für die Verifikation jeder Schleife spielt eine *invariante* Zusicherung P, die sogenannte *Invariante*, eine entscheidende Rolle. Die Invariante gilt nach *jedem* Schleifendurchlauf, dadurch beschreibt sie im dynamischen Ablauf des Programms das Gleichbleibende.

Wir verlangen, daß die Invariante P jedesmal erfüllt ist, wenn die Abbruchbedingung B ausgewertet wird.

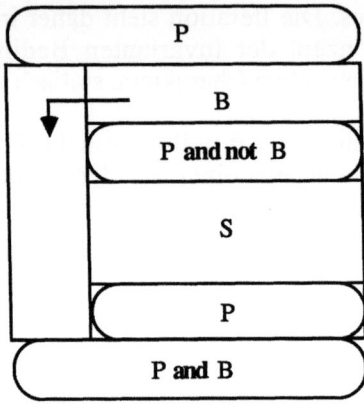

Damit die Invariante P bei jedem Auswerten von B erfüllt ist, muß sie natürlich vor der Schleife und nach dem Schleifenrumpf gelten. Vor dem Schleifenrumpf S ergibt sich die Zusicherung P **and not** B aus der Gültigkeit von P vor der Schleife bzw. nach dem Schleifenrumpf und aus der Gültigkeit von **not** B, wenn die Schleife betreten wird.

Für den Schleifenrumpf S kann jedes Programmstück S eingesetzt werden, das die Precondition P **and not** B und die Postcondition P besitzt.

Falls die Abbruchbedingung B nach endlicher Anzahl von Schritten erfüllt ist, dann gilt nach der Schleife P **and** B.

Die gesamte Schleife hat die Precondition P und die Postcondition P **and** B.

while-Regel: $\dfrac{\{P \text{ and not } B\}\ S\ \{P\}}{\{P\}\ \text{while not } B \text{ do } S\ \{P \text{ and } B\}}$

Diese Regel berücksichtigt aber nur die *partielle* Korrektheit der while-Schleife, da die Termination durch die Voraussetzungen dieser Regel nicht garantiert ist. Die Bedingung P **and** B ist ja nur dann nach der Schleife erfüllt, *wenn* die Abbruchbedingung B nach endlicher Anzahl von Schritten überhaupt erfüllt ist. Zur Feststellung der *totalen* Korrektheit einer Schleife muß also noch die Termination der Schleife zusätzlich bewiesen werden! Wie die Termination bewiesen wird, wird im Abschnitt 6.6 (Termination von Schleifen) beschrieben.

Zunächst wollen wir anhand einiger einfacher Beispiele die Verifikation der **while**-Schleife studieren. Für die folgenden Beispiele geben wir eine

6. Verifikationsregeln

Invariante P vor und entwickeln das Programm aus dieser Invariante. Im Kapitel 7 (Entwicklung von Schleifen) werden wir die Invariante aus einer gegebenen Spezifikation entwickeln.

Beispiele:

1. Die Summe der N Elemente eines festen Feldes $A(j : 0 \leq j < N)$.

Die Spezifikation lautet:

A, N fest

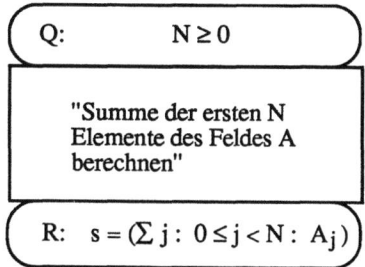

Q: $N \geq 0$

"Summe der ersten N Elemente des Feldes A berechnen"

R: $s = (\Sigma j : 0 \leq j < N : A_j)$

Da das Feld A genau N Elemente besitzt, bedeutet die Precondition Q: $N \geq 0$ keine Einschränkung in der Größe des Feldes. Bei $N = 0$ besitzt A kein einziges Element.

Als Invariante P wählen wir:

Inv P: $s = (\Sigma j : 0 \leq j < i : A_j)$ **and** $0 \leq i \leq N$

Die Invariante besagt, daß die Variable s die Summe der ersten i Elemente des Feldes A enthält. Die Invariante ist eine Verallgemeinerung der Postcondition R. Sie enthält eine zusätzliche Variable i aus dem Bereich $0 \leq i \leq N$, die die Variable N der Postcondition R ersetzt.

Für $i = N$ folgt aus der Invarianten die gewünschte Postcondition R.

Die Invariante kann durch sehr einfache Zuweisungen initialisiert werden: Wenn $i = 0$ gilt, muß $s = 0$ gelten, damit die Invariante erfüllt ist. Daher ist nach den Zuweisungen

$$i := 0; \; s := 0$$

die Invariante P erfüllt.

Wir erhalten folgendes Programmskelett:

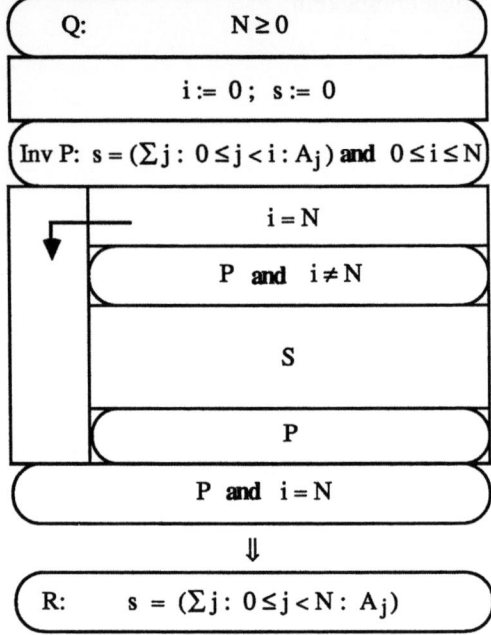

Die einzige verbliebene Aufgabe besteht nun darin, einen geeigneten Schleifenrumpf S zu finden, der die Bedingung P invariant läßt. Da i ≠ N vor S gilt, kann i um 1 erhöht werden, sodaß weiterhin $0 \leq i \leq N$ gilt. Damit auch der erste Teil von P dabei invariant bleibt, muß s um A_i erhöht werden.

Wir erhalten somit folgenden Schleifenrumpf S, der in das Programmskelett eingesetzt werden kann:

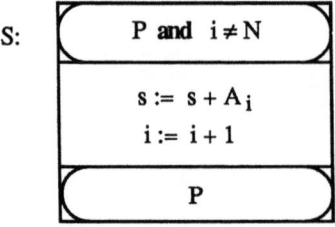

Das Programm ist damit partiell korrekt.

Wir können auch ein Argument für die Termination nach endlicher Anzahl von Schleifendurchläufen mit Hilfe der Invarianten P angeben: Da die Variable i bei jedem Schleifendurchlauf um 1 größer wird, die Invariante aber stets $i \leq N$ garantiert, muß nach endlicher Anzahl von Schleifendurchläufen i = N erreicht werden.

6. Verifikationsregeln

2. Berechnung von X^Y

Die Spezifikation für das Potenzieren lautet:

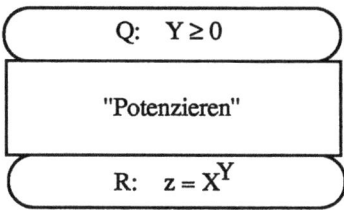

Als Invariante wählen wir

$$\text{Inv P:} \quad z * x^y = X^Y \quad \textbf{and} \quad 0 \leq y \leq Y$$

z ist sozusagen schon ein Teil der Potenz X^Y, aber bis $z = X^Y$ wird, fehlt noch die Multiplikation mit x^y. Die Invariante ist mit Hilfe der beiden neuen Variablen x und y eine Verallgemeinerung der Postcondition R. Für $y = 0$ gilt $x^y = 1$ und die Invariante ist mit der Postcondition R identisch, daher wählen wir $y = 0$ als Abbruchbedingung.

Die Invariante kann auch leicht initialisiert werden. Wenn x den Wert X und y den Wert Y besitzt, dann muß z den Wert 1 haben, damit die Invariante erfüllt ist. Nach den initialisierenden Zuweisungen

$$x := X; \ y := Y; \ z := 1$$

gilt die Invariante P.

Wir erhalten folgendes Programmskelett:

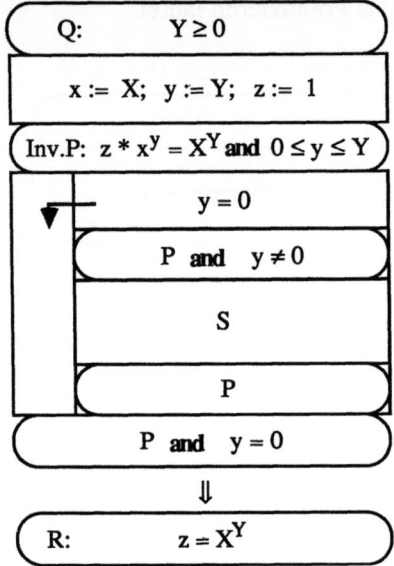

Der Schleifenrumpf S hat die Aufgabe, die Variable y unter Invarianz von P zu verkleinern.

Wird y um genau 1 verkleinert, dann muß z mit x multipliziert werden, damit P invariant bleibt.

Der entsprechende Schleifenrumpf S lautet:

$$
\begin{array}{|c|}
\hline
\text{P and } y \neq 0 \\
\hline
z := z * x \\
y := y - 1 \\
\hline
P \\
\hline
\end{array}
$$

S:

Da y in jedem Schleifendurchlauf um 1 verringert wird, ist der Gesamtaufwand proportional zu Y.

Wenn wir es schaffen, y im größeren Ausmaß zu verkleinern, können wir ein effizienteres Programm erhalten. Wird y halbiert, dann bleibt die Invariante durch Quadrieren von x erhalten. Da y ganzzahlig bleiben soll, können wir nur ein gerades y halbieren. Ein ungerades y können wir aber weiterhin um 1 verringern:

6. Verifikationsregeln

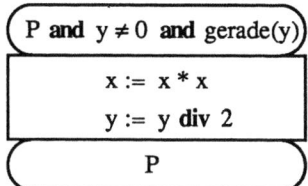

Aus diesen beiden Programmstücken können wir mit Hilfe der if-Regel einen Schleifenrumpf für unser Programm zusammensetzen:

S: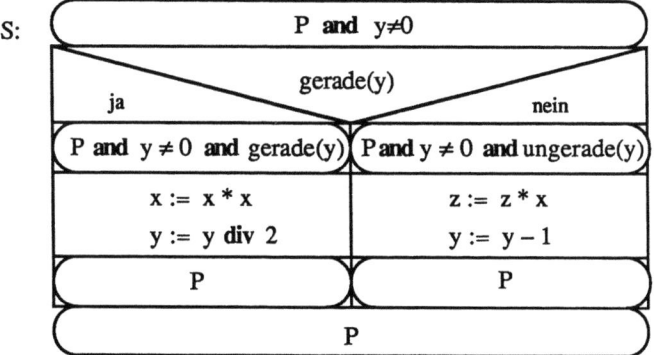

Mit diesem Schleifenrumpf erhalten wir ein weitaus effizienteres Programm mit einem Aufwand proportional zu ld(Y).

Diese Programme sind nicht nur partiell korrekt, sie terminieren auch, da y in jedem Schleifendurchlauf verringert wird und stets y ≥ 0 gilt. Die Abbruchbedingung y = 0 muß also nach endlicher Anzahl von Schritten erfüllt sein.

6.5.2 Die repeat-Schleife

Die repeat-Schleife ist eine Schleife, deren Rumpf mindestens einmal durchlaufen wird. Im Struktogramm wird das dadurch zum Ausdruck gebracht, daß die Abbruchbedingung erst nach dem Schleifenrumpf steht:

repeat S until B

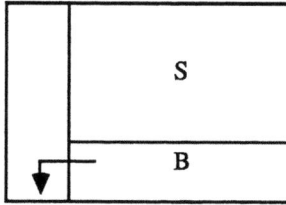

Soll die Invariante P wieder vor dem Auswerten der Abbruchbedingung B erfüllt sein, dann erhalten wir folgendes mit Zusicherungen angereichertes Struktogramm:

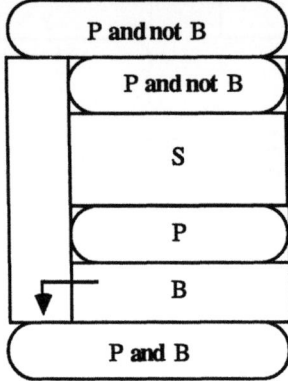

Ist die Abbruchbedingung B erfüllt, dann gilt nach der Schleife P **and** B.

Ist die Abbruchbedingung B nicht erfüllt, dann gilt vor dem Schleifenrumpf S die Zusicherung P **and not** B.

Die Zusicherung P **and not** B vor der Schleife stellt sicher, daß diese Zusicherung auch beim allerersten Durchlauf der Schleife vor dem Schleifenrumpf erfüllt ist.

Jedes Programmstück mit Precondition P **and not** B und Postcondition P kann für den Schleifenrumpf eingesetzt werden.

Die gesamte Schleife hat die Precondition P **and not** B und die Postcondition P **and** B.

Die Regel für die partielle Korrektheit der repeat-Schleife lautet:

repeat-Regel $\dfrac{\{P \text{ and not } B\}\ S\ \{P\}}{\{P \text{ and not } B\}\ \text{repeat } S \text{ until } B\ \{P \text{ and } B\}}$

Wenn man die Regel der repeat-Schleife mit der while-Schleife vergleicht, unterscheidet sich die repeat-Schleife von der while-Schleife nur dadurch, daß bei der repeat-Schleife die Abbruchbedingung B vor der Schleife nicht erfüllt ist.

Die repeat-Schleife wird man also dann einsetzen, wenn vor der Schleife die Bedingung B nicht erfüllt ist.

6. Verifikationsregeln

Beispiel: Euklidscher Algorithmus zur Berechnung des größten gemeinsamen Teilers.

Für X > 0 und Y > 0 wird der Euklidsche Algorithmus oft folgendermaßen angegeben:

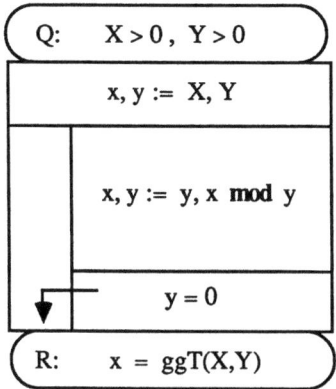

x **mod** y ist dabei der Rest der ganzzahligen Division x **div** y.

Nach dem Programm enthält die Variable x den größten gemeinsamen Teiler von X und Y.

Bevor wir die Korrektheit dieses Programms verifizieren können, benötigen wir die Kenntnis zweier wichtiger Eigenschaften des ggT:

a) ggT(x, 0) = x   für x > 0

b) ggT(x, y) = ggT(y, x **mod** y)   für x, y > 0

Eigenschaft a) gilt offensichtlich, da jedes x Teiler von 0 ist.

Für den Nachweis der Eigenschaft b) betrachten wir die Identität

x = k * y + x **mod** y   für ein ganzes k (genau: k = x **div** y)

Wir erkennen, daß jeder gemeinsame Teiler von x **mod** y und y ein Teiler von x ist, und damit ist auch der größte gemeinsame Teiler dieser zwei Ausdrücke ein Teiler von x. Ebenso liefert die Identität

x **mod** y = x − k * y   für ein ganzes k (genau: k = x **div** y)

daß der größte gemeinsame Teiler von x und y auch ein Teiler von x **mod** y ist.

Um nun zu verifizieren, daß das Programm tatsächlich das gewünschte Ergebnis liefert, fügen wir an wichtigen Stellen des Programms Zusicherungen hinzu.

Als Invariante wählen wir

P: ggT(x, y) = ggT(X, Y) **and** x > 0 **and** y ≥ 0

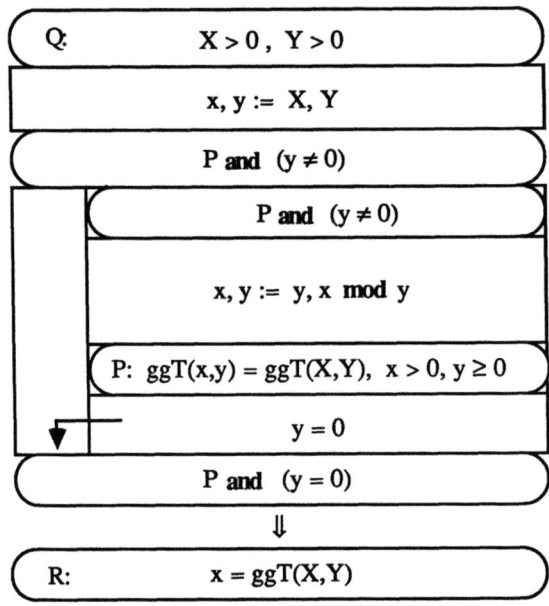

Wir zeigen, daß alle Zusicherungen an den angegebenen Stellen gelten.

Vor der Schleife ist die Zusicherung P **and** (y ≠ 0) nach der Zuweisung x, y := X, Y trivialerweise erfüllt.

Wenn P invariant bleibt, dann gilt nach der Schleife P **and** (y = 0).

Aus der Zusicherung P **and** (y = 0) nach der Schleife folgt mit der Eigenschaft a) unserer ggT-Theorie (ggT(x, 0) = x für x > 0) die geforderte Postcondition x = ggT(X, Y).

Damit P tatsächlich invariant bleibt, muß folgende Pre- und Postcondition gelten:

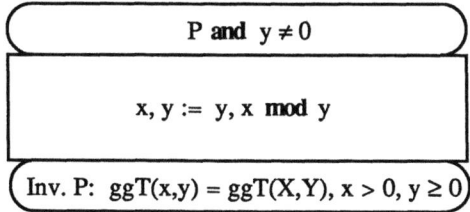

Aufgrund der Eigenschaft b) der ggT-Theorie (ggT(x, y) = ggT(y, x **mod** y) für x, y > 0) wissen wir, daß sich der Wert von ggT(x, y) nicht ändert, wenn x durch y und y durch x **mod** y ersetzt wird. Daher gilt weiterhin ggT(x, y) = ggT(X, Y).

x > 0 gilt nach der Zuweisung x, y := y, x **mod** y, da y > 0 vor der Zuweisung gilt, und y ≥ 0 ist nach der Zuweisung erfüllt, da x **mod** y ≥ 0 für x, y > 0 gilt.

Die Invariante P bleibt also durch die Zuweisung x, y := y, x **mod** y unverändert gültig.

Es bleibt nur noch zu zeigen, daß die Schleife tatsächlich terminiert und in endlich vielen Schritten y = 0 erreicht wird. Zu diesen Zweck betrachten wir die Variable y, die bei jedem Schleifendurchlauf durch x **mod** y ersetzt wird.

Es gilt: 0 ≤ x **mod** y < y   für x, y > 0

Der Wert des ganzzahligen y wird also bei jedem Schleifendurchlauf um mindestens 1 kleiner, bleibt aber stets ≥ 0. y muß daher in endlicher Anzahl von Schritten den Wert 0 annehmen, und die Schleife terminiert.

6.6 Termination von Schleifen

Eine Invariante in einer Schleife garantiert im allgemeinen nicht die Termination der Schleife. Die while-Regel und die repeat-Regel des vorigen Abschnitts gelten daher nur für die partielle Korrektheit. Damit eine Schleife terminiert, muß die Abbruchbedingung B nach endlicher Anzahl von Schleifendurchläufen erfüllt sein.

Betrachten wir zunächst das einfache Beispiel zur Berechnung des ganzzahligen Quotienten $q = (X \mathbf{\ div\ } Y)$ und des Restes $r = (X \mathbf{\ mod\ } Y)$ zweier ganzer Zahlen X und Y unter ausschließlicher Verwendung von Addition und Subtraktion.

Die Spezifikation lautet:

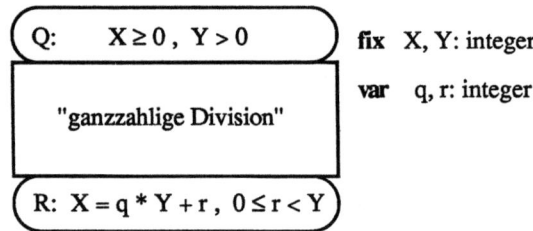

Mit der Invarianten

$$P: \quad X = q*Y + r \mathbf{\ and\ } 0 \leq r$$

und der Abbruchbedingung B: $r < Y$ erhalten wir folgendes Programmskelett, in dem nur der Schleifenrumpf S fehlt:

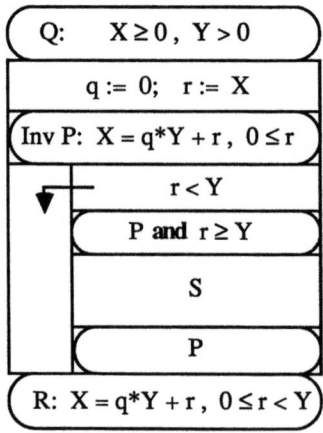

Dieses Programm ist aufgrund der while-Regel für alle Schleifenrümpfe S mit Precondition $P \mathbf{\ and\ } r \geq Y$ und Postcondition P partiell korrekt.

6. Verifikationsregeln

Es gibt sehr viele verschiedene Programmstücke, die diese Bedingungen erfüllen und für den Schleifenrumpf S eingesetzt werden können:

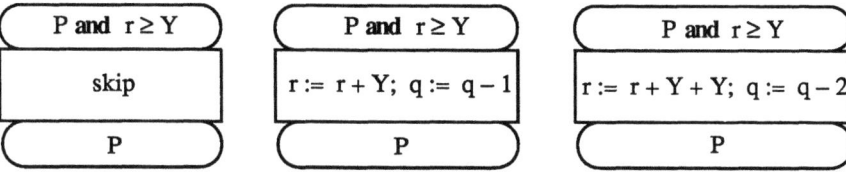

Keiner dieser Schleifenrümpfe führt zur Termination des Gesamtprogramms, da keines der Programme einen Schritt näher zur Termination (Abbruchbedingung B: r < Y erfüllt) macht.

Vor dem Schleifenrumpf gilt r ≥ Y und in endlicher Anzahl von Schleifendurchläufen soll r < Y erreicht werden, daher muß der Wert von r im Schleifenrumpf kleiner werden.

Die Aufgabe des Schleifenrumpfes ist also das "Verkleinern von r unter Invarianz von P".

Wird r um Y verkleinert, muß q um 1 erhöht werden, damit P: $X = q*Y + r$ **and** $0 \leq r$ invariant bleibt:

```
      P and r ≥ Y
  r := r - Y; q := q + 1
           P
```

Dieser Schleifenrumpf führt nach endlicher Anzahl von Schritten zu einem Wert r < Y und damit zur Termination des Programms.

In unserem Beispiel wird der Wert von r in jedem Schritt um Y (laut Precondition gilt Y > 0) kleiner, bleibt aber stets positiv (laut Invariante: 0 ≤ r). Daher muß das Programm terminieren.

Um die Termination beliebiger Schleifen zu beweisen, wird der Sachverhalt unseres Beispiels verallgemeinert.

Man betrachtet dazu eine Terminationsfunktion t, die die Programmzustände auf ganze Zahlen abbildet. Der ganzzahlige Wert der Terminationsfunktion t muß bei jedem Schleifendurchlauf

    1. um mindestens 1 kleiner werden

    2. stets positiv bleiben.

Existiert so eine Terminationsfunktion, dann muß die Schleife zwangsläufig nach endlicher Anzahl von Durchläufen terminieren.

Da sich der Wert der Terminationsfunktion ändert, wird sie auch *Variante* im Gegensatz zur Invariante genannt.

Im obigen Beispiel der Ganzzahldivision ist die Terminationsfunktion t: r.

Im Beispiel der Summe der ersten N Elemente eines Feldes $A(k : 0 \le k < N)$ kann

    t: $N - i$

eine geeignete Terminationsfunktion sein.

Die beiden Bedingungen, die die Terminationsfunktion erfüllen muß, können in der Hoare-Logik formal exakt formuliert werden:

    1. {P **and not** B **and** t = T} S {t < T}

    2. P **and not** B $\Rightarrow$ t $\ge$ 0

Die erste Bedingung verwendet eine externe Variable T, um auszudrücken, daß t im Schleifenrumpf S kleiner wird. Die zweite Bedingung fordert, daß t vor jedem Ausführen des Schleifenrumpfes (P **and not** B ist ja vor dem Schleifenrumpf erfüllt) nichtnegativ ist.

Die zweite Bedingung zeigt auch, daß die Invariante P bzw. die Abbruchbedingung B so gewählt werden muß, daß aus P **and not** B die Bedingung t $\ge$ 0 folgt. Im Beispiel der Ganzzahldivision mit Terminationsfunktion t: r ist r $\ge$ 0 bereits Teil der Invarianten P: X = q*Y + r **and** 0 $\le$ r.

6.7 Verifikation der while-Schleife

Die Bedingungen, die eine korrekte while-Schleife erfüllen muß, fassen wir nun in einer Liste zusammen. Bei gegebener Invariante P und Terminationsfunktion t muß eine while-Schleife die folgenden fünf Punkte erfüllen. Die beiden ersten Punkte betreffen das Einbinden in die Spezifikation mit Precondition Q und Postcondition R. Der dritte Punkt garantiert die Invarianz von P im Schleifenrumpf. Die beiden letzten Punkte garantieren die Termination.

1. Die Invariante P gilt vor der Schleife.

Meist wird die Gültigkeit von P durch ein einfaches Programmstück zum Initialisieren von P erreicht:

$\{Q\}$ "initialisiere P" $\{P\}$

Gibt es keine Initialisierung, muß P direkt aus der Precondition Q folgen (Konsequenz-Regel):

$Q \Rightarrow P$

2. Nach der Schleife gilt die Postcondition R.

P and B $\Rightarrow$ R

3. P bleibt im Schleifenrumpf S invariant.

$\{$**P and not B**$\}$ S $\{P\}$

4. t wird bei jedem Ausführen des Schleifenrumpfes verringert.

$\{$**P and not B and** $t = T\}$ S $\{t < T\}$

5. t ist vor jedem Ausführen des Schleifenrumpfes nichtnegativ.

P and not B $\Rightarrow$ $t \geq 0$

Punkt 3 und 4 werden üblicherweise getrennt verifiziert, können aber mit einer einzigen Bedingung formuliert werden:

3. und 4. $\{$**P and not B and** $t = T\}$ S $\{$**P and** $t < T\}$

Das Zusammenwirken dieser Bedingungen erkennt man aus folgendem Struktogramm:

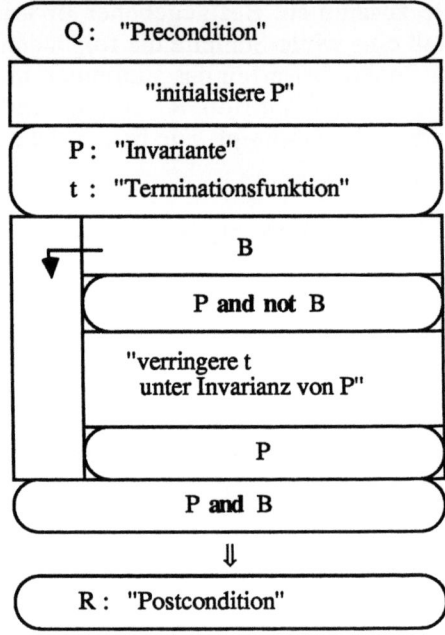

Dieses Struktogramm gibt uns aber auch wesentliche Hinweise darauf, wie eine Schleife aus einer gegebenen Invariante und Terminationsfunktion entwickelt werden kann.

7. Entwickeln von Schleifen

Primäres Ziel der Programmentwicklung ist das Erstellen korrekter Programme, die ihre Spezifikation erfüllen. Der Programmentwicklungsprozeß kann daher nicht losgelöst von der Verifikation betrachtet werden. Alle Argumente für die Korrektheit müssen bereits bei der Programmentwicklung erarbeitet und festgehalten werden.

Invariante und Terminationsfunktion sind die beiden Schlüsselbegriffe der Verifikation von Schleifen, daher sind sie auch unumgängliches Werkzeug der Programmentwicklung. Zunächst werden das Prinzip und allgemeine Richtlinien für das Entwickeln von Schleifen aus gegebener Invariante und Terminationsfunktion und anschließend Methoden für die Entwicklung geeigneter Invarianten aus gegebener Spezifikation vorgestellt.

7.1 Entwickeln einer Schleife aus einer gegebenen Invariante und Terminationsfunktion

Bei gegebener Invariante P und Terminationsfunktion t hat jede while-Schleife die Gestalt, die auf Seite 76 angegeben ist.

Das Entwickeln einer Schleife kann aufgrund dieser Struktur in folgende drei Teilaufgaben gegliedert werden:

1. Finde ein geeignetes Programmstück "initialisiere P", damit die Invariante P vor der Schleife gilt:

    {Q} "initialisiere P" {P}

2. Finde eine geeignete Abbruchbedingung B, sodaß nach der Schleife die gewünschte Postcondition R gilt:

    P and B $\Rightarrow$ R

    Außerdem müssen die Invariante P und die Abbruchbedingung B so beschaffen sein, daß die Terminationsfunktion t vor dem Schleifenrumpf stets nichtnegativ ist, also

    P and not B $\Rightarrow$ t $\geq$ 0   gilt.

3. Finde einen Schleifenrumpf S, der t verringert und P invariant läßt.

{ P and not B and t = T} S {P and t < T}

Oft besteht der Schleifenrumpf wieder aus zwei Teilen. Der eine verringert die Terminationsfunktion, der andere stellt als Reaktion darauf die Gültigkeit der Invariante P wieder her.

S: "verringere t"
      "stelle P wieder her"

Werden diese drei Punkte beim Entwickeln beachtet, dann ist die Schleife korrekt und erfüllt die Spezifikation. Beispiele dazu sind bereits im Abschnitt 6.6 und 6.7 bei der Vorstellung der Verifikationsregeln für Schleifen angegeben worden.

7.2 Entwickeln von Invarianten aus gegebenen Spezifikationen

Da wir das Entwickeln von Schleifen mit Hilfe von geeigneten Invarianten in einfacheren Teilaufgaben erledigen können, besteht die große Kunst der Schleifenentwicklung in der geeigneten Wahl der Invarianten. Wie findet man nun eine geeignete Invariante zu einer gegebenen Spezifikation mit Pre- und Postcondition? Das ist die Kernfrage jeder Programmentwicklung. Je nach Wahl der Invariante können verschiedene Algorithmen zur Lösung der Aufgabe entstehen. Invarianten müssen aber nicht immer genial erfunden werden. Es wurden geeignete Standardmethoden für die Konstruktion von Invarianten entwickelt, die auf den Großteil der praktisch vorkommenden Probleme anwendbar sind. Verwendet man zu Beginn die Standardmethoden und formuliert dabei Invarianten für alle Schleifen, die man schreibt, kann man durch Übung ein Geschick im Formulieren von Invarianten erhalten, das über die Standardmethoden hinausreicht.

7.2.1 Die Invariante als Verallgemeinerung der Postcondition

Mit einer Schleife wird ein in der Postcondition formuliertes Endergebnis durch mehrere gleichartige Zwischenschritte erreicht. Die Invariante muß dabei sowohl zu Beginn der Schleife in den Anfangszuständen gelten als auch nach jedem Zwischenschritt, wenn das Ziel noch nicht ganz erreicht ist, aber auch am Ende der Schleife, wenn R erfüllt ist.

Eine Invariante muß eine Verallgemeinerung (Abschwächung) der Postcondition sein, damit sie nicht nur am Ende der Schleife, sondern auch

7. Entwickeln von Schleifen

bei allen Zwischenschritten und insbesondere auch am Anfang der Schleife in den Anfangszuständen nach einer geeigneten Initialisierung gilt.

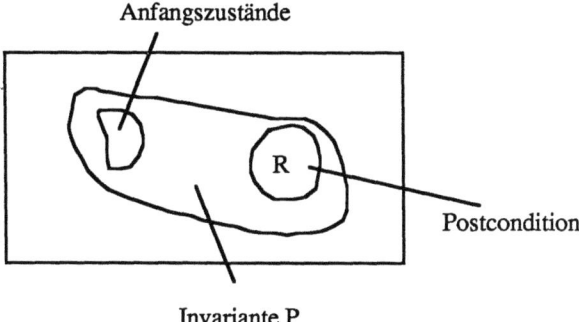

Es gibt sehr viele verschiedene Bedingungen, die schwächer als die Postcondition sind. Welche davon sind nun als Invariante geeignet? Die beiden wichtigsten Bedingungen, die eine Invariante erfüllen muß, damit sie zur gegebenen Spezifikation paßt, sind folgende:

1. Es gibt eine einfache Initialisierung, sodaß P vor der Schleife gilt.

2. Es gibt eine Bedingung B, sodaß P **and** B $\Rightarrow$ R gilt.

Diese beiden Bedingungen können rasch überprüft werden. Sind beide Bedingungen erfüllt, dann kommt P zunächst als Invariante in die engere Wahl und es braucht nur noch der Schleifenrumpf entwickelt zu werden. Die Invariante muß also einerseits so schwach sein, daß sie zu Beginn leicht initialisiert werden kann, andererseits muß sie so scharf sein, daß am Ende der Schleife die Postcondition erfüllt ist.

Welche Standardmethoden zum Abschwächen der Postcondition R gibt es?

1. Weglassen einer Bedingung.

    R hat die Gestalt A **and** B. Die Invariante erhält man durch Weglassen einer der beiden Bedingungen A oder B. Wird zum Beispiel B weggelassen, wird A zur Invariante und B zur Abbruchbedingung.

2. Konstante durch Variable ersetzen.

    Die Invariante erhalten wir dadurch, daß wir eine in R vorkommende Konstante durch eine Variable mit einem bestimmten Wertebereich ersetzen.

Das sind die beiden wichtigsten Standardmethoden zur Abschwächung einer Postcondition. Sie führen bei den meisten Aufgaben zu einer brauchbaren Invariante.

Bei manchen Spezifikationen muß sowohl die Precondition Q als auch die Postcondition R zu einer Invariante P verallgemeinert werden. Jede der beiden Zusicherungen Q und R wird zu einem Spezialfall der Invariante P. Wir bezeichnen diese Methode als

    Kombinieren von Pre- und Postcondition.

In den folgenden Abschnitten werden die einzelnen Methoden anhand von Beispielen erläutert.

7.2.2 Weglassen einer Bedingung

Wir betrachten zunächst ein einfaches Beispiel: Die Berechnung der ganzzahligen Näherung der Quadratwurzel einer nichtnegativen ganzen Zahl A, die wir als fest annehmen. Die Spezifikation lautet:

    Prec. Q: $A \geq 0$

    Postc. R: $x \geq 0$ **and** $x^2 \leq A < (x+1)^2$

Die Postcondition R besteht eigentlich aus den drei Bedingungen $x \geq 0$ **and** $x^2 \leq A$ **and** $A < (x+1)^2$. Eine davon, etwa die letzte, lassen wir weg, dann erhalten wir als Invariante P: $x \geq 0$ **and** $x^2 \leq A$. Die weggelassene Bedingung eignet sich hervorragend als Abbruchbedingung B: $A < (x+1)^2$. Es gilt dann klarerweise **P and B** $\Rightarrow$ **R**. Mit $x := 0$ findet sich auch eine einfache Initialisierung, sodaß P vor der Schleife gilt.

Im folgenden Programmskelett muß jetzt nur noch ein geeigneter Schleifenrumpf S gefunden werden:

7. Entwickeln von Schleifen

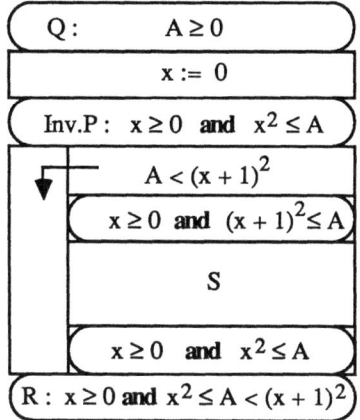

Zur Entwicklung des Rumpfes S benötigen wir eine Terminationsfunktion. Diese ergibt sich einfach aus dem Vergleich zwischen der Initialisierung $x := 0$ und der Abbruchbedingung $A < (x + 1)^2$. Wir erkennen, daß für $A \geq 0$ die Variable x größer werden muß. Für die streng monoton fallende und unten beschränkte Terminationsfunktion wählen wir t: $A - x$, da t bei wachsendem x fallend ist und bei Invarianz von P nicht negativ wird.

Der Schleifenrumpf muß x vergrößern. Eine geeignete Anweisung zum Vergrößern von x ist

S: $x := x + 1$.

Mit Hilfe des Zuweisungsaxioms erhalten wir die Gültigkeit von

$\{x \geq 0$ **and** $(x + 1)^2 \leq A\}$ $x := x + 1$ $\{P: x \geq 0$ **and** $x^2 \leq A\}$.

Somit ist $x := x + 1$ bereits ein geeigneter Schleifenrumpf, der sowohl t verringert als auch P invariant läßt.

In diesem Beispiel hätte man auch die Bedingung $x^2 \leq A$ von der Postcondition R weglassen können und damit eine andere Invariante und ein anderes Programm erhalten (siehe Aufgaben).

Das Prinzip der Methode "Weglassen einer Bedingung"

Gegeben ist eine Spezifikation $\{Q\}$. $\{R: A$ **and** $B\}$. Die Postcondition R besteht aus mindestens zwei Bedingungen A und B.

Die folgenden 4 Schritte zeigen auf, wie mit dieser Methode eine Schleife entwickelt werden kann.

7. Entwickeln von Schleifen

1. Eine Invariante erhält man dadurch, daß man eine der Bedingungen wegläßt. Wird B weggelassen, erhält man A als Invariante P.

2. Die weggelassene Bedingung B wird zur Abbruchbedingung.

3. Die Invariante muß durch ein Programmstück initialisiert werden:

    {Q} "initialisiere P" {P: A}

4. Es bleibt ein Schleifenrumpf S zu entwickeln mit der Spezifikation

    {A **and not** B} S {A}.

    Im Schleifenrumpf muß außerdem ein Fortschritt in Richtung Termination (Bedingung B ist erfüllt) gemacht werden. Die Terminationsfunktion ergibt sich oft aus dem Vergleich der Initialisierung mit der Abbruchbedingung B.

Diese 4 Schritte genügen, denn P **and** B $\Rightarrow$ R braucht nicht bewiesen zu werden, da bei dieser Methode P **and** B stets mit R identisch ist.

Besteht die Postcondition aus mehreren Bedingungen, erhebt sich die Frage, welche dieser Bedingungen für die Invariante weggelassen und welche in der Invarianten erhalten bleiben sollen. Betrachtet man die weitere Verwendung der Bedingungen, ergeben sich folgende Antworten:

Lasse jene Bedingungen in der Invarianten erhalten, die sich leicht initialisieren lassen, und lasse jene Bedingungen weg, die sich gut als Abbruchbedingung B eignen (insbesondere darf die Abbruchbedingung keine Quantoren, also **All**, **Ex**, **Anz** usw. enthalten!).

Beispiel:

Ein weiteres Beispiel der Methode "Weglassen einer Bedingung" ist die Ganzzahldivision zur Berechnung des ganzzahligen Quotienten q = X **div** Y und des Restes r = X **mod** Y aus den beiden festen Zahlen X $\geq$ 0 und Y > 0. Im Abschnitt 6.6 ist dieses Beispiel bereits zur Veranschaulichung der Termination von Schleifen herangezogen worden. Die Postcondition

  R: $X = q*Y + r$ **and** $0 \leq r < Y$

wird dabei durch Weglassen der Bedingung r < Y zur Invarianten

  P: $X = q*Y + r$ **and** $0 \leq r$

r < Y wird zur Abbruchbedingung und P kann dann leicht mit q := 0; r := X initialisiert werden. Das Programm läßt sich in der Folge leicht weiterentwickeln. Hätte man aber eine andere Bedingung weggelassen, wäre die Programmentwicklung weitaus schwieriger. Wenn $0 \leq r$ weggelassen wird, könnte r zwar mit einer negativen Zahl initialisiert werden, aber es ist ungeklärt, mit welcher. Ebenso unklar ist die Frage der Initialisierung, wenn X = q * Y + r weggelassen wird. Daher kommt nur die vorgeschlagene erste Variante in Frage.

Die Methode "Weglassen einer Bedingung" eignet sich in jenen Fällen gut, in denen keine zusätzliche neue Variable in der Schleife verwendet werden muß. Ist hingegen die Verwendung einer neuen Variablen (etwa einer Laufvariablen) notwendig, empfiehlt es sich, die im folgenden erklärte Methode "Konstante durch Variable ersetzen" zu verwenden.

Aufgaben zu 7.2.2

1. Lassen Sie von der Postcondition R der Spezifikation $\{Q: A \geq 0\}$. $\{R: x \geq 0$ **and** $x^2 \leq A < (x + 1)^2\}$ die zweite Bedingung weg und entwickeln Sie ein entsprechendes Programm, in dem x beginnend bei A schrittweise unter Invarianz von $x \geq 0$ **and** $A < (x + 1)^2$ kleiner wird, bis auch $x^2 \leq A$ gilt.

2. Zeigen Sie, daß Sie in der Aufgabe 1 nicht nur die Anweisung x := x − 1 zum Verringern von x verwenden können, sondern auch x := (x + A **div** x) **div** 2. Man erhält dadurch ein sehr effizientes Verfahren zur näherungsweisen Bestimmung der Quadratwurzel (Newton-Verfahren).

3. Schreiben Sie mit Hilfe der Methode "Weglassen einer Bedingung" ein Programm, das den kleinsten Index k bestimmt, an dem zwei feste Felder A(i : $0 \leq i < N$) und B(i : $0 \leq i < N$) den gleichen Wert besitzen. Vorausgesetzt ist, daß es mindestens eine solche Übereinstimmung gibt. Die Spezifikation lautet:

   Prec. Q : (**Ex** k : $0 \leq k < N$: $A_k = B_k$)
   Postc. R : $0 \leq k < N$ **and** $A_k = B_k$ **and** (**All** i : $0 \leq i < k$: $A_k \neq B_k$)

4. Schreiben Sie mit Hilfe der Methode "Weglassen einer Bedingung" ein Programm für die lineare Suche nach einem Wert x in einem festen Feld A(i : $0 \leq i < N$). Vorausgesetzt soll sein, daß x im Feld A vorkommt. Geben Sie auch eine geeignete Spezifikation an.

7.2.3 Konstante durch Variable ersetzen und Bereich der Variablen angeben

Eine Postcondition R kann dadurch abgeschwächt werden, daß eine in R vorkommende Konstante durch eine neue Variable ersetzt wird. Soll zum Beispiel das Maximum der Werte $A(i : 0 \leq i < N)$ ermittelt werden, dann ist etwa folgende Spezifikation

Prec. Q: $N > 0$

Postc. R: $m = (\textbf{Max}\, i : 0 \leq i < N : A_i)$

gegeben.

In der Postcondition R kommen die Konstanten 0 und N vor. Wird die Konstante N durch die neue Variable n ersetzt und ein Wertebereich für die neue Variable angegeben, dann erhalten wir folgende Invariante P:

Inv. P: $m = (\textbf{Max}\, i : 0 \leq i < n : A_i)$ **and** $1 \leq n \leq N$

Für n = N ist die Postcondition R selbverständlich erfüllt, somit wird n = N zur Abbruchbedingung. Für n = 1 kann das Maximum auf einfache Weise mit m := A_0 berechnet werden. Nach den initialisierenden Zuweisungen

n := 1; m := A_0

ist die Invariante P erfüllt. Nun muß nur mehr ein Schleifenrumpf S gefunden werden, der P invariant läßt und in endlich vielen Schritten n = N herstellt. Dies kann durch schrittweises Erhöhen von n geschehen. Als Terminationsfunktion kommt daher t : N − n in Betracht. t wird nicht negativ, wenn n ≤ N bleibt, was aber von der gewählten Invariante garantiert wird.

Die Schleife hat also folgende Gestalt:

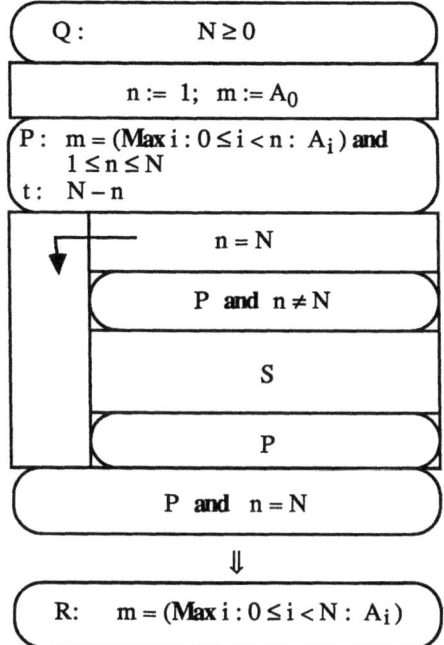

Als nächste Aufgabe ist ein Schleifenrumpf S zu finden, der n erhöht und P invariant läßt. Mit $n := n + 1$ kann n vorsichtig erhöht werden. Wenn nach $n := n + 1$ die Invariante P gilt, dann gilt vorher die Bedingung P_{n+1}^{n}. Zuletzt muß als Reaktion auf das Erhöhen von n eine Anweisung S' gefunden werden, die die Bedingung P_{n+1}^{n} herstellt.

S hat die Gestalt:

```
P and n ≠ N
S'
P_{n+1}^n
n := n + 1
P
```

Um S' zu ermitteln, betrachten wir P_{n+1}^{n} genauer:

$P_{n+1}^{n}:\ m = (\mathbf{Max}\ i : 0 \leq i < n + 1 : A_i)$ and $1 \leq n + 1 \leq N$

Der zweite Teil von P_{n+1}^{n} ist nach **P and** $n \neq N$ erfüllt. Nur die Gültigkeit des ersten Teiles $m = (\mathbf{Max}\ i:\ 0 \leq i < n + 1:\ A_i)$ muß noch hergestellt werden. Durch Umformen erhält man:

$$m = (\mathbf{Max}\ i:\ 0 \leq i < n:\ A_i)\ \mathbf{max}\ A_n$$

Da vor S' bereits $m = (\mathbf{Max}\ i:\ 0 \leq i < n:\ A_i)$ gilt, ist die gesuchte Anweisung S' : $m := m\ \mathbf{max}\ A_n$.

Das gesamte Programm ist dann

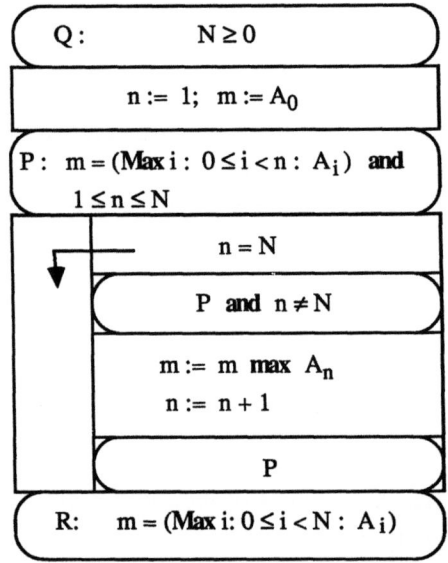

Die Angabe des Bereichs $1 \leq n \leq N$ in der Invarianten P ist in unserem Beispiel nicht nur notwendig, daß nur auf existente Feldelemente zugegriffen wird, sondern vor allem auch um die Termination der Schleife zeigen zu können. Denn nur wenn $1 \leq n \leq N$ vor dem Schleifenrumpf S gilt, kann $N - n \geq 0$ gezeigt werden.

Die Wahl der zu ersetzenden Konstanten war in unserem Beispiel willkürlich. Man hätte auch die Konstante 0 etwa durch j ersetzen können und somit die Invariante P' erhalten:

Inv. P' : $m = (\mathbf{Max}\ i:\ j \leq i < N:\ A_i)$ **and** $0 \leq j < N$

7. Entwickeln von Schleifen

Mit dieser Invarianten erhält man ein Programm, bei dem die Variable j verringert (t: j) und das Maximum schrittweise von hinten nach vorne ermittelt wird.

Die in diesem Beispiel detailliert ausgeführten Einzelschritte können im Prinzip bei allen Aufgaben, die mit der Methode "Konstante durch Variable ersetzen" erstellt werden, eingesetzt werden.

Das Prinzip der Methode "Konstante durch Variable ersetzen"

Folgendes Rezept kann für die Schleifenentwicklung nach der Methode "Konstante durch Variable ersetzen" eingesetzt werden:

1. Für die Konstruktion der Invarianten P ersetze eine Konstante, etwa N, in der Postcondition R durch eine neue Variable, etwa n, und füge einen Wertebereich für n hinzu. Die Konstante N muß selbstverständlich im Wertebereich von n vorkommen.

2. Die Abbruchbedingung B der Schleife ist $n = N$. **P and B** $\Rightarrow$ R ist dann automatisch erfüllt.

3. Bestimme eine Initialisierung, sodaß P vor der Schleife gilt.

    $\{Q\}$ "initialisiere P" $\{P\}$

4. Finde einen Schleifenrumpf S mit

    $\{P \text{ and not } B\}$ S $\{P\}$

    Die Terminationsfunktion ist häufig t: $N - n$, wenn n erhöht wird, und t: n, wenn n verringert wird.

Aufgaben zu 7.2.3

1. Schreiben Sie ein Programm für die Berechnung des Skalarproduktes zweier Vektoren $A(i : 0 \leq i < N)$ und $B(i : 0 \leq i < N)$ mit der Spezifikation:

    Prec. Q: $N \geq 0$

    Postc. R: $s = \sum_{i=0}^{N-1} A_i * B_i$

2. Schreiben Sie ein Programm, das die Länge der längsten steigend sortierten Sequenz eines Feldes A(i : 0 ≤ i < N) bestimmt. Als Sequenz werden unmittelbar aufeinanderfolgende Elemente eines Feldes bezeichnet. Zum Beispiel ist A(i : q ≤ i < r) eine Sequenz mit Länge r − q. Diese Aufgabe ist bereits in Aufgabe 2 des Kapitels 5 spezifiziert worden.

7.2.4 Kombinieren von Pre- und Postcondition

Die Postcondition wird oft deswegen bevorzugt für die Konstruktion von Invarianten herangezogen, weil sie meist die wesentlichen Endergebnisse beschreibt und die Precondition nur einige Randbedingungen festhält, die zu Beginn gelten sollen. Bei manchen Problemen ist für die Invariante die Precondition genauso wichtig wie die Postcondition. Insbesondere dann, wenn ein Anfangszustand schrittweise in einen Endzustand übergeführt werden soll und dabei immer weniger Eigenschaften des Anfangszustandes und immer mehr Eigenschaften des Endzustandes angenommen werden sollen.

Betrachten wir dazu als Beispiel das Umkehren der Reihenfolge der Elemente eines Feldes a(i : 0 ≤ i < N). Es hat die Spezifikation:

   Prec. Q :   (All i : 0 ≤ i < N : $a_i = A_i$)
   Postc. R : (All i : 0 ≤ i < N : $a_i = A_{N-i-1}$)

Der Grundgedanke des Programms besteht darin, den Bereich 0 ≤ i < N so in zwei Teilbereiche aufzuteilen, daß in einem Teil die Werte von a noch unverändert sind (wie in der Precondition) und im anderen Teil auf ihren endgültigen Plätzen stehen (wie in der Postcondition).

Da man durch Vertauschen von zwei spiegelbildlich angeordneten Elementen in einem Schritt gleich zwei Elemente an den gegenüberliegenden Seiten des Feldes in die endgültige Position bringen kann, wird der Bereich in drei symmetrische Teile geteilt.

Für die symmetrisch gelegenen Randbereiche 0 ≤ i < n und N − n ≤ i < N sollen die Elemente bereits in den endgültigen Positionen sein. Die mittleren Elemente mit den Indizes n ≤ i < N − n sollen noch in den ursprünglichen Positionen sein. Die Invariante lautet nun:

   Inv. P : (All i : 0 ≤ i < n : $a_i = A_{N-i-1}$) **and**
       (All i : n ≤ i < N − n : $a_i = A_i$) **and**
       (All i : N − n ≤ i < N : $a_i = A_{N-i-1}$)

Für n = 0 ist die Invariante am Anfang und mit n = N **div** 2 am Ende des Programms erfüllt. Nach dem Vertauschen $a_n, a_{N-n-1} := a_{N-n-1}, a_n$ muß n um 1 erhöht werden, damit die Invariante P wieder erfüllt ist. Das Programm lautet daher:

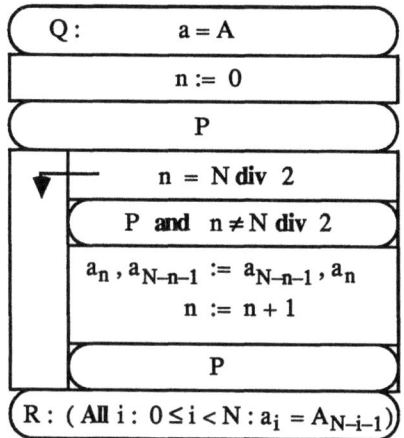

Aufgaben zu 7.2.4:

1. Eine nichtnegative Zahl d soll vom dezimalen ins binäre Zahlensystem umgewandelt werden. Es hat die Spezifikation:

   Prec. Q: $D = d$ **and** $d \geq 0$

   Postc. R: $D = (\Sigma k : 0 \leq k < N : b_k * 2^k)$

Entwickeln Sie die Invariante durch Kombinieren von Pre- und Postcondition. Geben Sie auch das Programm an.

2. Eine Zahl im binären Zahlensystem soll in das dezimale Zahlensystem umgewandelt werden. Geben Sie eine Spezifikation an und entwickeln Sie die Invariante und das Programm.

8. Die schwächste Precondition (weakest precondition)

Wir betrachten irgendein Programmstück S und irgendeine Postcondition R und wollen eine passende Precondition Q ermitteln, sodaß nach dem Start in einem Zustand aus Q das Programmstück S in einem Zustand aus R terminiert.

$$\{?\} \ S \ \{R\}$$

Es gibt im allgemeinen viele verschiedene Preconditions Q von S bezüglich R. Hat man eine Precondition Q bereits ermittelt, dann ist aufgrund der Konsequenz-Regel jede schärfere Bedingung ebenfalls eine Precondition. Die schärfste aller Bedingungen, nämlich **false**, ist sogar Precondition jedes beliebigen Programmstücks S für jede beliebige Postcondition R. **false** hat als Precondition aber keine Bedeutung, da es die leere Menge von Anfangszuständen repräsentiert. Eine möglichst schwache Precondition ist interessanter, da sie eine möglichst große Menge von Anfangszuständen repräsentiert, die eine Termination in Endzuständen aus R garantiert.

Beispiel: Gegeben ist die Zuweisung S : x := x * x . Nach S soll die Postcondition R : $x \geq 9$ erfüllt sein. Gesucht ist die schwächste Precondition.

```
┌─────────────────────────┐
│  Q:      ?              │
├─────────────────────────┤
│  S:    x := x * x       │
├─────────────────────────┤
│  R:    x ≥ 9            │
└─────────────────────────┘
```

Die Precondition Q : $x \geq 3$ garantiert die Termination und anschließend die Gültigkeit von R. Ebenso sind alle schärferen Bedingungen, wie z.B. $x \geq 4$, $x = 3$, $5 \leq x < 20$, usw. gültige Preconditions. Es gibt aber auch schwächere Preconditions. Die Zusicherung

$$Q' : (x \leq -3) \ \textbf{or} \ (x \geq 3)$$

ist auch eine geeignete Precondition, aber schwächer als Q. Q' ist sogar die schwächste aller Preconditions von S bezüglich R. Alle möglichen Preconditions sind schärfer als Q', denn für alle Werte $-3 < x < 3$ vor S ist die Postcondition R nicht erfüllt.

8. Die schwächste Precondition

Die *schwächste Precondition (weakest precondition)* eines Programms S bezüglich einer Postcondition R bezeichnen wir mit

$$wp(S, R)$$

Sie entspricht der Menge *aller* Anfangszustände, sodaß das Programm S nach dem Start in einem beliebigen Zustand aus wp(S, R) nach endlicher Zeit in einem Endzustand aus R terminiert. Der Start in einem Zustand aus wp(S, R) garantiert also sowohl die Termination des Programms S als auch einen Endzustand aus R.

Selbstverständlich gilt daher

$$\{wp(S, R)\} \ S \ \{R\}.$$

Aber es soll auch gelten:

$$s \notin wp(S, R) \ \Rightarrow \ \mathbf{not}\,(\{s\} \ S \ \{R\})$$

Das bedeutet, daß ein Start in einem Zustand s außerhalb von wp(S, R) nicht in einem Zustand aus R terminiert.

In deterministischen Programmen hat jeder Anfangszustand höchstens einen Endzustand, und dem Programm entspricht eine partielle Abbildung im Zustandsraum:

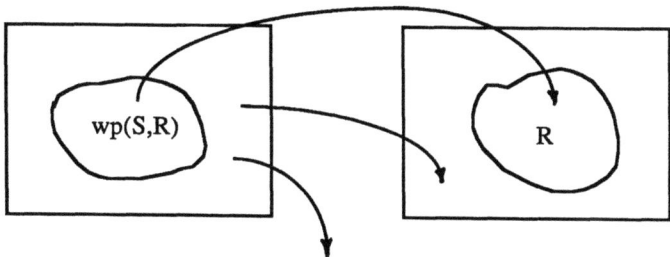

Alle Anfangszustände aus wp(S, R) werden auf Endzustände aus R abgebildet, aber alle Zustände, die *nicht* in wp(S, R) liegen, werden entweder in Zustände außerhalb von R abgebildet oder das Programm S terminiert nicht.

Wir versuchen nun die wp einiger Anweisungen S zunächst nur mit unserem intuitiven Verständnis für die Wirkung der angegebenen Anweisungen zu ermitteln. Dabei muß jeder Anfangszustand aus wp(S, R) das Ergebnis R erzielen, aber kein Anfangszustand aus **not** wp(S, R).

1. $\text{wp}(i := i + 1, i = 3) = (i = 2)$

Die Variable i hat nach $i := i + 1$ den Wert 3 genau dann, wenn vorher $(i = 2)$ gegolten hat.

2. $\text{wp}(i := k + 1, i = 3) = (k = 2)$

Alle Anfangszustände, in denen $k = 2$ gilt, werden auf irgendeinen Endzustand mit $i = 3$ abgebildet, aber keiner, für den $k \neq 2$ gilt. Die Variable i kann vor der Zuweisung jeden beliebigen Wert haben.

3. $\text{wp}(i := 3, i = 3) = $ **true**

Nach der Zuweisung $i := 3$ gilt stets $i = 3$ unabhängig vom Anfangszustand.

4. $\text{wp}(i := 3, i = 4) = $ **false**

Es gibt keinen Anfangszustand, sodaß nach der Zuweisung $i := 3$ die Bedingung $i = 4$ erfüllt ist.

5. $\text{wp}(\textbf{if } a \geq b \textbf{ then } m := a \textbf{ else } m := b, m \geq 0) = (a \geq 0) \textbf{ or } (b \geq 0)$

Nach dieser if-Anweisung gilt genau dann $m \geq 0$, wenn vorher entweder a oder b nichtnegativ ist.

6. Verschiedene Postconditions können die gleiche schwächste Precondition haben:

$$\text{wp}(x := x * x, x \geq 9) = (x \geq 3) \textbf{ or } (x \leq -3)$$

$$\text{wp}(x := x * x, x \geq 9 \textbf{ or } x < 0) = (x \geq 3) \textbf{ or } (x \leq -3)$$

Mit Hilfe der schwächsten Precondition können wir nun eine andere Methode angeben, um zu zeigen, daß $\{Q\}$ S $\{R\}$ für zwei Bedingungen Q und R und ein Programm S gilt oder nicht gilt:

Ist Q eine beliebige Precondition von S bezüglich R (d.h. $\{Q\}$ S $\{R\}$ gilt), dann muß Q, als Menge von Anfangszuständen aufgefaßt, eine Teilmenge von wp(S, R) sein, denn kein Anfangszustand außerhalb von wp(S, R) terminiert in R. Alle Preconditions von S bezüglich R sind daher schärfer als wp(S, R). Es gilt also:

$$\frac{\{Q\}\ S\ \{R\}}{Q \Rightarrow \text{wp}(S, R)} \qquad (1)$$

8. Die schwächste Precondition

Umgekehrt gilt: Jede Zusicherung Q, die schärfer als wp(S, R) ist (Q ⇒ wp(S, R)), ist nach der Konsequenz-Regel ebenfalls eine Precondition, da wp(S, R) eine Precondition ist:

$$\frac{Q \Rightarrow wp(S, R)}{\{Q\}\ S\ \{R\}} \qquad (2)$$

Aus der Symmetrie der Regeln (1) und (2) folgt der fundamentale Zusammenhang zwischen der Hoare-Logik und der schwächsten Precondition:

Theorem:

{Q} S {R}   ist logisch äquivalent zu   Q ⇒ wp(S, R).

Die Gültigkeit von {Q} S {R} kann also mit der Gültigkeit der Implikation Q ⇒ wp(S, R) bewiesen werden und umgekehrt.

8.1 Verifikation mit wp

Das Theorem liefert einen praktischen Ansatz für den Nachweis der Übereinstimmung zwischen Spezifikation und Programm, die sogenannte Verifikation. Das Theorem kann nämlich auch folgendermaßen gelesen werden:

Ein Programmstück S erfüllt genau dann die Spezifikation {Q} . {R}, wenn die Implikation Q ⇒ wp(S, R) erfüllt ist.

Soll nun {Q} S {R} verifiziert werden, dann ermittelt man zuerst die wp(S, R) und überprüft dann die Gültigkeit der Implikation Q ⇒ wp(S, R).

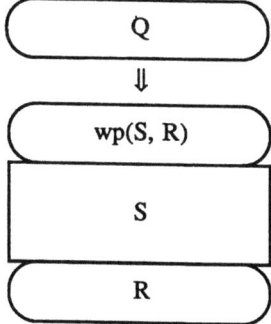

Nun benötigen wir nur noch Regeln, wie aus einer gegebenen Postcondition die schwächste Precondition ermittelt werden kann. Tatsächlich können für fast alle Anweisungen S sehr einfache Regeln für das Ermitteln der wp aus einer beliebigen Postcondition R angeben werden.

8.2 Die wp der einzelnen Anweisungen

Für jede Anweisung definieren wir die Semantik mit Hilfe der wp.

8.2.1 wp der Leeranweisung skip

Die Leeranweisung skip soll den Programmzustand nicht verändern.

Definition: wp(skip, R) = R

Die Postcondition R bleibt bei der Leeranweisung skip selbstverständlich unverändert.

8.2.2 wp der Zuweisung x := A

Nach der Zuweisung x := A hat die einfache Variable x den Wert des Ausdrucks A. Da der Wert der Variablen x verändert wird, wollen wir in der Postcondition R die Variable x als Parameter hervorheben und schreiben R(x). Diese Postcondition R(x) kann nur dann nach der Zuweisung x := A gelten, wenn R(A) vorher gegolten hat.

Schreibweise: R_A^x ... die Zusicherung R, in der alle (freien) Vorkommen von x durch den Ausdruck A ersetzt sind.

Mit dieser Schreibweise kann die schwächste Precondition der Zuweisung definiert werden.

Definition: $\text{wp}(x := A, R) = R_A^x$

Beispiele:
$$\text{wp}(x := x*x, x \geq 9) = (x \geq 9)_{x*x}^x$$
$$= x*x \geq 9$$
$$= (x \geq 3) \text{ or } (x \leq -3)$$

$$\text{wp}(z := z - y, z > 0) = (z > 0)_{z-y}^z$$
$$= z - y > 0$$
$$= z > y$$

$$\text{wp}(x := 3, y = 5) = (y = 5)$$

8. Die schwächste Precondition

Diese Regel gilt nur für einfache Variable x. Ist x eine Komponente eines Feldes, dann kann diese Regel nicht angewandt werden.

Zum Beispiel gilt:

$$wp(a_i := 0, a_1 = 0) = (i = 1) \text{ or } (a_1 = 0)$$

Diese schwächste Precondition kann aber nicht mit dieser Regel ermittelt werden. Zunächst genügt uns die Regel für die Zuweisung an einfache Variable, um eine Vielzahl von Beispielen zu bearbeiten.

Die angegebene Regel ist außerdem insofern vereinfacht, als die Auswertbarkeit des Ausdrucks A nicht berücksichtigt ist, d.h. es könnte im Ausdruck A eine Division durch Null oder eine Bereichsüberschreitung von Feldindizes auftreten. Die Zuweisung liefert aber nur dann sinnvolle Ergebnisse, wenn der Ausdruck A auswertbar ist. Eine exakte Definition der wp ist:

$$wp(x := A, R) = \text{auswertbar}(A) \text{ and } R_A^x$$

Um aber unsere Überlegungen einfach zu halten, lassen wir den Teil auswertbar(A) meistens weg, merken uns aber im Hinterkopf, daß die wp der Zuweisung bei Ausdrücken, die Divisionen oder Feldindizes enthalten, auch die Auswertbarkeit des Ausdrucks enthalten müssen.

Beispiele: $\text{auswertbar}(x \text{ div } y) = (y \neq 0)$

$\text{auswertbar}(a_{i+1} + 1) = 0 \leq i + 1 < N$ (bei Feld $a(i : 0 \leq i < N)$)

8.2.3 wp der Mehrfachzuweisung $x_1, x_2, ..., x_n := A_1, A_2, ..., A_n$

Die Mehrfachzuweisung ist eine Verallgemeinerung der einfachen Zuweisung x := A. Wieder sind $x_1, x_2, ..., x_n$ einfache Variable.

Definition: $wp("x_1, x_2, ..., x_n := A_1, A_2, ..., A_n", R) = R_{A_1 A_2 \cdots A_n}^{x_1 x_2 \; x_n}$

$R_{A_1 A_2 \cdots A_n}^{x_1 x_2 \; x_n}$ bedeutet, daß alle freien Vorkommen von $x_1, x_2, ..., x_n$ in R durch $A_1, A_2, ..., A_n$ ersetzt werden. Die Reihenfolge, in der ersetzt wird, spielt keine Rolle, da nur diejenigen $x_1, x_2, ..., x_n$ ersetzt werden, die in R vorkommen, aber nicht jene, die durch das Ersetzen eventuell hinzukommen.

Beispiele: 1. $wp("x, y := y, x", x \leq y) = (x \leq y)_{y\ x}^{x\ y}$

$\qquad\qquad\qquad\qquad\qquad\qquad\quad = y \leq x$

2. $wp("x, y := x + y, x", x = y) = (x = y)_{x+y\ x}^{x\quad y}$

$\qquad\qquad\qquad\qquad\qquad\qquad\quad = (x + y = x)$
$\qquad\qquad\qquad\qquad\qquad\qquad\quad = (y = 0)$

8.2.4 wp der Sequenz $S_1; S_2$

Definition: $wp("S_1; S_2", R) = wp(S_1, wp(S_2, R))$

Der schwächsten Precondition der zusammengesetzten Anweisung entspricht das Zusammensetzen der schwächsten Voraussetzungen der einzelnen Anweisungen. Im folgenden Struktogramm erkennt man, daß die wp der Sequenz schrittweise von der letzten Anweisung bis zur ersten ermittelt werden kann.

```
┌─────────────────────┐           ┌─────────────────────┐
│  wp("S₁; S₂", R))   │           │  wp(S₁, wp(S₂, R))  │
├─────────────────────┤           ├─────────────────────┤
│                     │           │         S₁          │
│         S₁          │           ├─────────────────────┤
│                     │     =     │      wp(S₂, R)      │
├─────────────────────┤           ├─────────────────────┤
│                     │           │                     │
│         S₂          │           │         S₂          │
│                     │           │                     │
├─────────────────────┤           ├─────────────────────┤
│         R           │           │         R           │
└─────────────────────┘           └─────────────────────┘
```

Beispiel: $wp("y := x - y; y := x + y", x < y)$

$\qquad\qquad\qquad\qquad\qquad\quad = wp(y := x - y, wp(y := x + y, x < y))$
$\text{(wp der Zuweisung)} = wp(y := x - y, (x < y)_{x+y}^{y})$
$\qquad\quad\text{(Ersetzen)} = wp(y := x - y, x < x + y)$
$\quad\text{(Vereinfachen)} = wp(y := x - y, 0 < y)$
$\text{(wp der Zuweisung)} = (0 < y)_{x-y}^{y}$
$\qquad\quad\text{(Ersetzen)} = 0 < (x - y)$
$\quad\text{(Vereinfachen)} = x > y$

Die Schritte *Berechnen der wp der Zuweisung* und *Vereinfachen des Zwischenergebnisses* wechseln einander ab. Dabei wird zuerst die wp der letzten Anweisung berechnet und vereinfacht, dann von der vorletzten usw., bis man die wp der gesamten Sequenz von Anweisungen erhält. Man spricht daher auch von der Rückwärtsmethode, um die Sequenz zu verifizieren.

8.2.5 wp der Alternative if B then S_1 else S_2

Definition: wp(if B then S_1 else S_2, R) =   B and wp(S_1, R)
                                           or not B and wp (S_2, R)

Wenn vor der if-Anweisung B gilt, dann muß auch wp(S_1, R) gelten, damit nachher R erfüllt ist. Wenn aber vorher **not** B gilt, dann muß vorher auch wp(S_2, R) gelten. Das Struktogramm veranschaulicht diesen Zusammenhang.

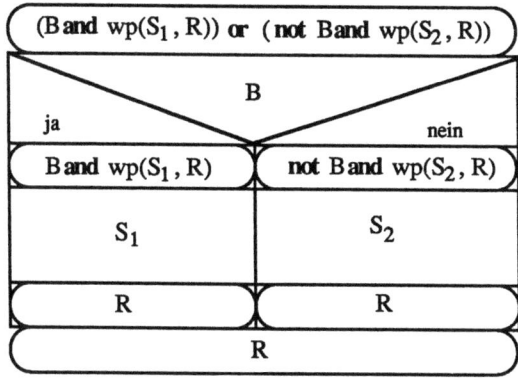

Beispiel: wp(if a > b then m := a else m := b, m ≥ 0)

                 (wp von if)   =   (a > b and wp(m := a, m ≥ 0))
                                                         or (a ≤ b and wp (m := b, m ≥ 0))

              (wp der Zuweisung)   =   (a > b and a ≥ 0)
                                                         or (a ≤ b and b ≥ 0)

                 (Vereinfachen)   =   (a ≥ 0) or (b ≥ 0)

8.2.6 wp der Iteration while not B do S

Die Regel für die schwächste Precondition der Iteration ist nicht so einfach wie die Regeln für die bisher angegebenen Anweisungen. Das Konzept der Invarianten ist hier nicht anwendbar. Man muß sogar von der statischen Sichtweise Abstand nehmen und die wp induktiv aufgrund der Anzahl der Schleifendurchläufe definieren.

8. Die schwächste Precondition

Die Regel, die wir nun entwickeln wollen, ist schwierig zu handhaben und für den praktischen Einsatz in der Programmentwicklung nicht geeignet. Wir geben sie aber trotzdem an, um die wp der einzelnen Anweisungen komplett beschreiben zu können, und empfehlen dem daran nicht interessierten Leser, diesen Abschnitt zu überspringen.

Wir definieren zunächst für jedes $i \geq 0$ eine schwächste Precondition der Schleife unter der zusätzlichen Bedingung, daß die Schleife nach höchstens i Durchläufen terminiert.

Mit $H_0(R)$ bezeichnen wir die schwächste Precondition, sodaß die Postcondition R nach der Schleife auch ohne Ausführung des Schleifenrumpfes S erfüllt ist:

$$H_0(R) = \textbf{B and } R$$

Wenn der Schleifenrumpf nicht ausgeführt wird, muß vor der Schleife bereits B erfüllt sein, und R muß vorher gelten, damit R auch nachher gilt.

Mit $H_i(R)$ bezeichnen wir die schwächste Precondition, daß die Schleife nach höchstens i Schleifendurchläufen beendet und die Postcondition R erfüllt ist.

Für $i > 0$ setzen wir fest:

$$\begin{aligned} H_i(R) &= (\textbf{B and } R) \textbf{ or } (\textbf{not B and } wp(S, H_{i-1}(R))) \\ &= H_0(R) \textbf{ or } (\textbf{not B and } wp(S, H_{i-1}(R))) \end{aligned}$$

Wenn die Abbruchbedingung B bereits vor der Schleife erfüllt ist, dann muß gleichzeitig auch R vorher erfüllt sein, damit R nach der Schleife erfüllt ist. Ist die Abbruchbedingung B vor der Schleife nicht erfüllt, dann muß nach einmaligem Ausführen des Schleifenrumpfes S die Bedingung $H_{i-1}(R)$ erfüllt sein, was durch $wp(S, H_{i-1}(R))$ garantiert wird. Die Bedingungen H_i werden also ausgehend von H_0 induktiv definiert.

Die Schleife **while not B do** S kann als Kaskade von if-Anweisungen aufgefaßt werden:

8. Die schwächste Precondition

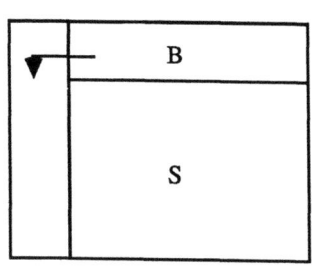 =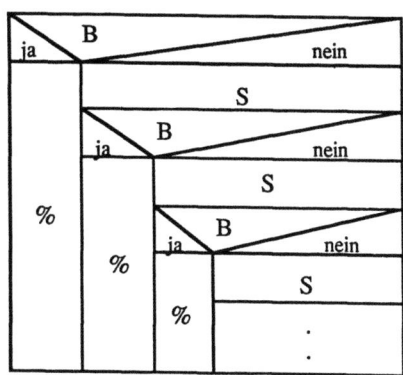

$H_i(R)$ ist die schwächste Precondition einer Kaskade von genau i if-Anweisungen mit Postcondition R.

Die wp der Schleife muß die Termination nach endlicher Anzahl von Schleifendurchläufen garantieren. Ist ein Anfangszustand gegeben, dann muß es also einen endlichen Index i geben, sodaß die Postcondition R nach höchstens i Schleifendurchläufen erfüllt ist, d.h. für ein i muß $H_i(R)$ gelten. Dieser Überlegung folgt folgende Definition:

Definition: wp(**while not B do** S, R) = (**Ex** i : $0 \le i$: $H_i(R)$)
$\qquad\qquad\qquad\qquad\qquad\qquad$ = $H_0(R)$ **or** $H_1(R)$ **or** ...

Beispiel: Wir untersuchen die schwächste Precondition, sodaß die lineare Suche in einem Feld a(i : $0 \le i$) die gegebene Variable x findet.

$\quad$ wp("**while** $x \ne a_j$ **do** j := j + 1", $x = a_j$)

$\quad$ = (**Ex** i : $0 \le i$: $H_i(x = a_j)$)

Wir betrachten zunächst die Bedingungen $H_i(x = a_j)$:

$H_0(x = a_j) \qquad = (x = a_j)$ **and** $(x = a_j)$
$\qquad\qquad\qquad\; = (x = a_j)$

$H_1(x = a_j) \qquad = (x = a_j)$ **or** $((x \ne a_j)$ **and** wp(j := j + 1, $x = a_j)$
$\qquad\qquad\qquad\; = (x = a_j)$ **or** $((x \ne a_j)$ **and** $(x = a_{j+1}))$
$\qquad\qquad\qquad\; = (x = a_j)$ **or** $(x = a_{j+1})$

usw.

mit Induktion über i ergibt sich für $H_i(x = a_j)$:

$\quad H_i(x = a_j) \qquad = (x = a_j)$ **or** $(x = a_{j+1})$ **or** ... **or** $(x = a_{j+i})$

und für die wp der Schleife erhalten wir:

$$(\textbf{Ex } i : 0 \le i : H_i(x = a_j)) = (\textbf{Ex } i : 0 \le i : (x = a_{j+i}))$$
$$= (\textbf{Ex } i : j \le i : (x = a_i))$$

Zusammenfassend erhalten wir in diesem Beispiel: Genau dann, wenn vor der linearen Suche $(x = a_i)$ für mindestens einen Index $i \ge j$ gilt, dann terminiert "**while** $x \ne a_j$ **do** $j := j + 1$" und anschließend ist $(x = a_j)$ erfüllt.

Für dieses einfache Beispiel konnten wir durch verhältnismäßig aufwendige Berechnungen formal exakt die wp der Schleife berechnen. Für praktische Anwendungen wird insbesondere bei umfangreicheren Postconditions der Aufwand für die Berechnung jedoch unverhältnismäßig groß, sodaß diese Methode nicht in Frage kommt. Für die Programmentwicklung und Verifikation empfehlen wir daher, besser mit Invarianten zu arbeiten und auf die exakte Berechnung der wp zu verzichten.

8.3 Die wp als Prädikatentransformation

Die wp kann als Funktion aufgefaßt werden, die einem beliebigen Programmstück S und einer beliebigen Postcondition R die Zusicherung wp(S, R) zuordnet. Wenn wir eine ganz spezielle Anweisung S untersuchen, dann bleibt der Parameter S fest und nur der Parameter R ist variabel. wp ist dann eine Funktion mit nur einem Parameter R.

$$wp_S(R)$$

Der Index S soll hier andeuten, daß es sich um die schwächste Precondition der Anweisung S handelt. In diesem Zusammenhang spricht man von einer Prädikatentransformation (wp als predicate transformer), da wp_S jedem Prädikat R ein Prädikat $wp_S(R)$ zuordnet. Diese Funktion wp_S kann zur Definition der Semantik der Anweisung S verwendet werden.

8.4 Definition der Semantik mit Hilfe der schwächsten Precondition

Die Aussage "wp(x := A, R) = R_A^x" kann man nicht nur als Beschreibung der Wirkung von x:= A auffassen, sondern umgekehrt als Definition der Zuweisung selbst: Jede Anweisung S, für die wp(S, R) = R_A^x gilt, ist eine Zuweisung, die den Wert von A der Variablen x zuweist. Analog dazu kann die wp die Bedeutung aller anderen Anweisungen definieren.

Allgemein gilt: Jede Funktion wp(S, R), die für eine bestimmte Anweisung S und alle Zusicherungen R die schwächste Precondition liefert, beschreibt die

Semantik der Anweisung S, da sie die partielle Abbildung im Zustandsraum, die dem Programmstück S entspricht, vollständig beschreibt.

Wir betrachten zum Beweis dieser Behauptung für jeden Bildpunkt $(w_1, w_2,..., w_n)$ des Zustandsraumes die diesem Punkt entsprechende Zusicherung R: $v_1 = w_1$ **and** $v_2 = w_2$ **and** ... **and** $v_n = w_n$. wp(S, R) entspricht dann der Menge *aller* Zustände, die auf diesen Bildpunkt abgebildet werden. Auf diese Weise kann für jeden einzelnen Bildpunkt die Menge aller Startpunkte ermittelt werden. Die wp beschreibt dadurch die partielle Abbildung, die der Anweisung S entspricht, und damit auch die Semantik von S. Jene Punkte, die für keine Postcondition R in wp(S, R) auftreten, werden auch auf keinen Bildpunkt abgebildet. Diese Punkte müssen zu einer Endlosschleife oder zum Absturz führen.

Ist für eine Anweisung S die wp(S, R) für alle Postconditions R bekannt, dann sind auch alle Paare von Pre- und Postconditions von S bekannt. Alle wahren Aussagen der Form {Q} S {R} können aus der wp(S, R) abgeleitet werden, da man für jede Postcondition R die schwächste aller Preconditions kennt. Die Preconditions Q von S bezüglich R sind bekanntlich alle Zusicherungen, die schärfer als wp(S, R) sind (Q $\Rightarrow$ wp(S, R)).

Bei der Semantikdefinition mit wp kann auf das Modell einer zugrundeliegenden Maschine verzichtet werden. Die Wirkung wird hier ausschließlich durch Veränderungen in den Zusicherungen und nicht durch Aktionen eines Computermodells beschrieben.

8.5 Eigenschaften der wp

Nicht jede Funktion, die als Prädikatentransformation Prädikate auf Prädikate abbildet, ist wp einer bestimmten Anweisung. Damit eine Prädikatentransformation die wp einer Anweisung sein kann, müssen folgende Eigenschaften erfüllt sein:

1. Regel des ausgeschlossenen Wunders

$$wp(S, \textbf{false}) = \textbf{false}$$

Der Start des Programms in einem Zustand aus wp(S, R) garantiert die Termination in einem Zustand aus R. Die Postcondition **false** entspricht der leeren Menge von Endzuständen. Es wäre tatsächlich ein Wunder, würde S in einem Anfangszustand starten und in keinem Zustand (**false**) terminieren. Diese Eigenschaft hat Dijkstra daher "Rule of excluded miracle" genannt.

2. Distributivität von wp bezüglich **and**

$$wp(S, P) \textbf{ and } wp(S, Q) = wp(S, P \textbf{ and } Q)$$

Zum Beweis dieser Gleichung zeigen wir, daß jeder Zustand der linken Seite in der rechten Seite enthalten ist und umgekehrt. Sei z ein Zustand der linken Seite, dann terminiert S in einem Zustand, der sowohl in P als auch in Q, also in P **and** Q liegt. z ist somit in der rechten Seite enthalten. Ist umgekehrt z ein Zustand der rechten Seite, dann terminiert S sowohl in einem Zustand aus P als auch aus Q. z liegt also sowohl in wp(S, P) als auch in wp(S, Q) und ist daher in der linken Seite enthalten.

3. Distributivität von wp bezüglich **or**

$$wp(S, P) \text{ or } wp(S, Q) = wp(S, P \text{ or } Q)$$

Mit Hilfe der Distributivität von wp bezüglich **and** kann gezeigt werden, daß aus der linken Seite die rechte Seite folgt. Die Verschmelzungsgesetze

$$(P \text{ or } Q) \text{ and } P = P$$

$$(P \text{ or } Q) \text{ and } Q = Q$$

stellen den Zusammenhang zum **and** her.

$$\quad wp(S, P) \text{ or } wp(S,Q)$$
$\Leftrightarrow$ (Verschmelzungsgesetze)
$$\quad wp(S, (P \text{ or } Q) \text{ and } P) \text{ or } wp(S, (P \text{ or } Q) \text{ and } Q)$$
$\Leftrightarrow$ (Distributivität von wp bezüglich **and**)
$$\quad (wp(S, (P \text{ or } Q)) \text{ and } wp(S, P))) \text{ or }$$
$$\quad (wp(S, (P \text{ or } Q)) \text{ and } wp(S, Q))$$
$\Leftrightarrow$ (Distributivität von **and** bezüglich **or**)
$$\quad (wp(S, (P \text{ or } Q)) \text{ and } ((wp(S, P) \text{ or } wp(S, Q))$$
$\Rightarrow$ (Logik)
$$\quad (wp(S, (P \text{ or } Q))$$

Für den Beweis der umgekehrten Richtung

$$wp(S, P \text{ or } Q) \Rightarrow wp(S, P) \text{ or } wp(S, Q)$$

zeigen wir, daß jeder Zustand aus wp(S, P **or** Q) auch in wp(S, P) **or** wp(S, Q) liegt. Jeder Zustand z aus wp(S, P **or** Q) wird auf einen Zustand z' aus P **or** Q abgebildet. Liegt z' in P (bzw. in Q), dann ist z aus wp(S, P) (bzw. aus wp(S,Q)). z liegt daher auf jeden Fall in wp(S, P) **or** wp(S, Q).

Für die umgekehrte Richtung des Beweises benötigten wir die Annahme, daß das Programmstück S deterministisch ist, d.h. daß jeder Anfangszustand auf höchstens einen Endzustand abgebildet wird. Bei nichtdeterministischen

Programmen kann ein Anfangszustand auf mehrere verschiedene Endzustände abgebildet werden und die umgekehrte Richtung ist im allgemeinen falsch. Ein nichtdeterministisches Programm zufall(x) etwa liefert indeterministisch x = 0 oder x = 1. Es gilt dann wp(zufall(x), x = 0) = wp(zufall(x), x = 1) = **false**, aber wp(zufall(x), x = 0 **or** x = 1) = **true**.

4. Monotonie

$$\frac{P \Rightarrow Q}{wp(S, P) \Rightarrow wp(S, Q)}$$

Diese Eigenschaft sagt aus: "Ist P schärfer als Q, dann ist auch wp(S, P) schärfer als wp(S, Q)."

Intuitiv einsichtig wird diese Regel, wenn wir {wp(S, Q)} S {Q} betrachten. Wird nun Q schärfer, also als Menge verkleinert, dann wird auch wp(S, Q) schärfer (als Menge kleiner).

Der formale Beweis kann wieder mit Hilfe der "Distributivität von wp bezüglich **and**" geführt werden. Aus der Aussagenlogik ist bekannt, daß $P \Rightarrow Q$ genau dann erfüllt ist, wenn $P \Leftrightarrow (P$ **and** $Q)$ gilt.

$$\begin{aligned}
&\quad wp(S, P) \\
&\Leftrightarrow (P \Rightarrow Q, \text{Logik}) \\
&\quad wp(S, P \text{ and } Q) \\
&\Leftrightarrow (\text{Distributivität bezüglich } \textbf{and}) \\
&\quad wp(S, P) \text{ and } wp(S, Q) \\
&\Rightarrow (\text{Logik}) \\
&\quad wp(S, Q)
\end{aligned}$$

Zum Nachweis, daß eine gegebene Funktion wp(S, R) eine schwächste Precondition ist, müssen die Eigenschaften 1 und 2 gelten, für deterministische Programme auch die Eigenschaft 3 in der Richtung von links nach rechts. Die andere Richtung der Eigenschaft 3 und die Monotonie ergeben sich aus der Gültigkeit der Eigenschaft 2.

8.6 Die schwächste Precondition für die Termination

Die schwächste Precondition, daß ein Programm S in endlicher Zeit terminiert, ist

$$wp(S, \textbf{true}).$$

Sie entspricht der Menge aller Anfangszustände, sodaß das Programm S in einem beliebigen Endzustand terminiert.

Beispiele:

$$\text{wp}(x := x \textbf{ div } y, \textbf{true}) \;=\; (y \neq 0)$$

Für $y = 0$ ist die Division $x \textbf{ div } y$ nicht auswertbar und terminiert nicht.

$$\text{wp}(\textbf{while } n \neq 0 \textbf{ do } n := n-1, \textbf{true}) \;=\; (n \geq 0)$$

Die Schleife terminiert genau dann, wenn vor der Schleife $n \geq 0$ gilt.

Aufgaben zu 8.:

1. Für ein Programm S gelte für alle Postconditions R

$$\text{wp}(S, R) \;=\; \textbf{false}$$

Diskutieren Sie die Wirkung dieser Anweisung!
Zeigen Sie, daß die Eigenschaften von wp erfüllt sind.

2. Gibt es eine Anweisung S, sodaß

$$\text{wp}(S, R) \;=\; \textbf{true}$$

für alle Postconditions R gilt?

3. Zeigen Sie, daß die wp der if-Anweisung logisch gleichwertig auch mit Implikationen angeschrieben werden kann:

$$\text{wp}(\textbf{if } B \textbf{ then } S_1 \textbf{ else } S_2, R) \;=\; (B \Rightarrow \text{wp}(S_1, R)) \text{ and } (\text{not } B \Rightarrow \text{wp}(S_2, R))$$

4. Zeigen Sie, daß die in diesem Kapitel definierten wp der einzelnen Anweisungen die 4 Eigenschaften der wp erfüllen.

5. Gilt auch die Umkehrung der Monotonie?

$$\frac{\text{wp}(S, P) \Rightarrow \text{wp}(S, Q)}{P \Rightarrow Q}$$

6. Zeigen Sie mit Hilfe der Monotonie der wp, daß die Bedingungen $H_i(R)$ für wachsendes i immer schwächer werden:

$$H_i(R) \Rightarrow H_j(R) \qquad \text{für } 0 \leq i \leq j.$$

7. Zeigen Sie mit Hilfe der Aufgabe 6, daß für $i \geq 0$

$$H_{i+1}(R) = H_i(R) \textbf{ or } (\textbf{not } B \textbf{ and } wp(S, H_i(R)))$$

gilt. Beschreiben Sie umgangssprachlich die Bedeutung dieser Gleichung.

8. Berechnen Sie

$wp(\text{"\textbf{while} } n \neq N \textbf{ do } s, n := s + n, n + 1\text{"}, s = N(N+1)/2)$.

9. Beispiele für Programmentwicklungen

9.1 Sortieren von Feldern

Sortierverfahren gehören zu den Standardbeispielen für die Entwicklung von Algorithmen. Wir wollen hier insbesondere die Invarianten und die Programmentwicklungsmethode in den Vordergrund stellen.

Die Spezifikation für das Sortieren eines Feldes a(i : $0 \leq i < N$) lautet:

Precondition Q:	$N \geq 0$ **and** a = A
Postcondition R:	sortiert(a, 0, N) **and** Perm(a, A)

Die Elemente des Feldes a sollen so permutiert werden, daß das Feld a sortiert ist.

Das Prädikat sortiert(a, 0, N) ist ein Spezialfall des allgemeineren Prädikates sortiert(a, m, n), das die sortierte Reihenfolge der Elemente a_i im Intervall $m \leq i < n$ beschreibt. Üblicherweise werden Felder aufsteigend sortiert. Für das Prädikat sortiert(a, m, n) gibt es viele verschiedene Formulierungen, die häufigsten sind:

$$\text{sortiert}(a, m, n) = (\textbf{All } i, j : m \leq i < j < n : a_i \leq a_j)$$

$$\text{sortiert}(a, m, n) = (\textbf{All } i : m < i < n : a_{i-1} \leq a_i)$$

Dieses Prädikat muß abgeschwächt werden, wenn eine Invariante für das Sortieren entwickelt wird.

Das Prädikat Perm(a, A) bleibt bei allen Sortierverfahren, die kein Hilfsfeld verwenden, üblicherweise invariant. Die Invarianz von Perm(a, A) wird meist dadurch garantiert, daß das Feld a nur durch Vertauschungen von Feldelementen verändert wird:

tausche(i, j): $a_i, a_j := a_j, a_i$

{Perm(a, A)} tausche(i, j) {Perm(a, A)}

9. Beispiele für Programmentwicklungen

Eine häufige Invariante für Sortierverfahren liefert die Standardmethode "Konstante durch Variable ersetzen", indem in der Postcondition R die Konstante N durch eine Variable n aus dem Bereich $0 \leq n \leq N$ ersetzt wird.

Invariante P: sortiert(a, 0, n) **and** $0 \leq n \leq N$ **and** Perm(a, A)

Diese Invariante bedeutet, daß während des Verfahrens das Feld a stets vom Index 0 bis zum Index n sortiert und ab dem Index n unsortiert ist. Dieser Sachverhalt kann auch durch eine Zeichnung veranschaulicht werden:

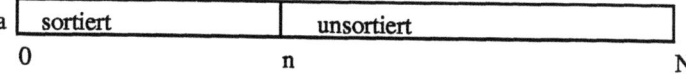

Die Invariante P kann mit der Zuweisung n := 0 initialisiert werden, da sortiert(a, 0, 0) stets erfüllt ist. Wenn n = N gleichzeitig mit P gilt, dann ist auch die gewünschte Postcondition erfüllt und n = N ist eine hervorragende Abbruchbedingung. Vom anfänglichen Wert 0 muß n den Wert $N \geq 0$ erreichen, daher ist t: N − n eine geeignete Terminationsfunktion. Wird n bei jedem Durchlauf des Verfahrens vorsichtig mit n := n + 1 erhöht, dann erhält man folgendes Programmskelett für das Sortieren von a:

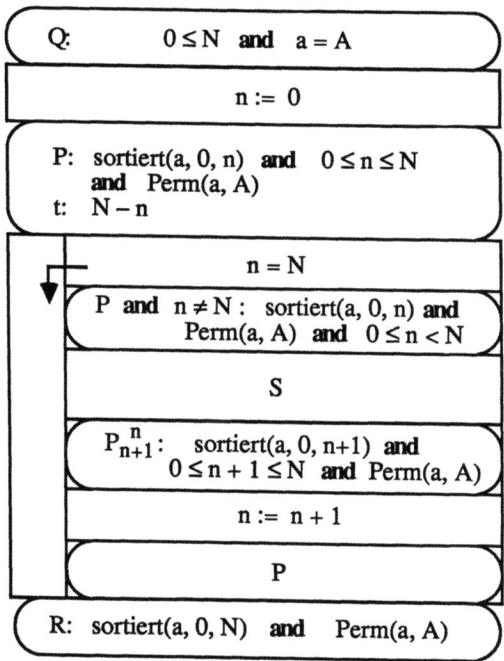

Dieser prinzipielle Programmaufbau gilt für viele Sortierverfahren. Die verschiedenen Algorithmen unterscheiden sich nur durch verschiedene

Anweisungen S, die die Grenze zwischen sortiertem und unsortiertem Feld um ein Element weiter nach rechts schieben.

9.1.1 Sortieren durch direktes Einfügen

Grundgedanke beim Sortieren durch direktes Einfügen ist es, in den sortierten Anfang des Feldes a das erste Element des unsortierten Restes einzufügen und dadurch den sortierten Teil um ein Element zu vergrößern. Der Programmteil S, der das Element a_n in den sortierten Anfang einfügt, hat folgende Spezifikation:

Precondition P and $n \neq N$: sortiert(a, 0, n) **and** $0 \leq n < N$ **and** Perm(a, A)

Postcondition P_{n+1}^n: sortiert(a, 0, n + 1) **and** $0 \leq n + 1 \leq N$ **and** Perm(a, A)

Um eine Invariante für die fehlende Anweisung S zu erhalten, wird die Postcondition von S insofern verallgemeinert, als die Postcondition gilt, aber für einen einzigen Index j aus dem Bereich $0 \leq j < n + 1$ das Prädikat sortiert(a, 0, n + 1) nicht erfüllt sein muß. Der Index j gehört zu jenem Wert, der noch in das sortierte Feld eingefügt werden muß.

Die Invariante für die fehlende Anweisung S beim Sortieren durch direktes Einfügen lautet:

P_1: (All i: $0 < i < n + 1$: $a_{i-1} \leq a_i$ **or** i = j) **and** $0 \leq j < n + 1 \leq N$
 and Perm(a, A)

Wenn j = n gilt, ist die Invariante P_1 zu Beginn erfüllt. Daher wird P_1 mit j := n initialisiert. Wenn zusätzlich zu P_1 entweder j = 0 oder $a_{j-1} \leq a_j$ gilt, ist auch die Postcondition von S erfüllt, daher wird j = 0 **or** $a_{j-1} \leq a_j$ zur Abbruchbedingung. (Das **or** muß hier das bedingte Oder sein, denn $a_{j-1} \leq a_j$ ist nur dann definiert, wenn $j \neq 0$ ist.)

Damit die Schleife terminiert, muß der Index j verkleinert werden, etwa durch j := j − 1. Durch tausche(j−1, j) kann die Gültigkeit von P_1 wieder hergestellt werden.

9. Beispiele für Programmentwicklungen 109

S:

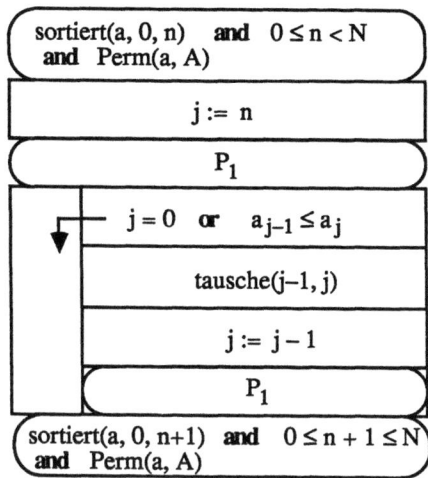

Der Aufwand des Sortierens durch direktes Einfügen beträgt im ungünstigsten Fall (bei fallend sortiertem Feld) N * N / 2 Vertauschungen und Vergleiche. Im günstigsten Fall, bei bereits sortiertem Feld, sind keine Vertauschungen, aber N Vergleiche notwendig. Im Mittel sind N * N / 4 Vertauschungen und Vergleiche erforderlich. Das Verfahren ist einfach und bei fast sortierten Feldern mit O(N) sehr rasch. Für lange, nicht fast sortierte Felder ist dieses Verfahren wegen seines quadratischen Aufwands nicht besonders gut geeignet.

9.1.2 Sortieren durch Minimumsuche

Beim Sortieren durch Minimumsuche wird am Anfang des Feldes in $a(i : 0 \leq i < n)$ nicht nur ein sortiertes Teilfeld aufgebaut. Diese Elemente sind auch die n kleinsten Elemente von a und daher bereits auf ihren endgültigen Plätzen.

Die zusätzliche Invariante

$$P_2: \quad a(i : 0 \leq i < n) \leq a(i : n \leq i < N)$$

garantiert, daß jedes Element von $a(i : 0 \leq i < n)$ nicht größer als jedes Element von $a(i : n \leq i < N)$ ist.

Die Grenze n zwischen dem sortierten Anfang und dem restlichen Feld kann nur dann unter Invarianz von P and P_2 um 1 erhöht werden, wenn a_n den kleinsten Wert des Restfeldes enthält. Ist a_n noch nicht das Minimum des Restfeldes, dann muß das Minimum unter Invarianz von Perm(a, A) an die Stelle a_n gebracht werden. Das kann durch Vertauschen von a_n mit dem Minimum des Restfeldes a_{min} geschehen. Die Anweisung S hat beim Sortieren durch Minimumsuche folgende Gestalt:

"bestimme das Minimum a_{min} von a(i : n ≤ i < N)"
tausche(min, n)

Der Index des Minimums kann mit einem gängigen Verfahren berechnet werden. Der Aufwand für die Ermittlung des Minimums beträgt für ein unsortiertes Feld mit N Elementen N Vergleiche.

Für das gesamte Verfahren "Sortieren durch Minimumsuche" beträgt der Aufwand stets N Vertauschungen und N * N / 2 Vergleiche, unabhängig vom Sortiertheitsgrad des gegebenen Feldes. Es ist das Verfahren mit der geringsten Anzahl an Vertauschungen. Wegen der großen Anzahl an Vergleichen ist es aber nur dann gut geeignet, wenn es auf eine geringe Anzahl von Vertauschungen ankommt.

9.2 Binäre Suche in einem Feld

Aufgabe ist es, festzustellen, an welchem Index i der Wert x in einem festen Feld A(i : 0 ≤ i < N) vorkommt. Ist das Feld A nicht sortiert, dann kann der Index mit linearer Suche bestimmt werden. Ist das Feld hingegen sortiert, dann kann der gesuchte Index wesentlich effizienter mit binärer Suche bestimmt werden. Zunächst muß eine präzisere Spezifikation für die Suche in einem sortierten Feld erstellt werden:

    Precondition Q: N ≥ 0 **and** sortiert(A, 0, N)

    Postcondition R: (All k : 0 ≤ k ≤ i : A_k ≤ x) **and**
                                (All k : i + 1 ≤ k < N : A_k > x)

Das Feld A ist also sortiert. Bestimmt werden soll ein Index i, sodaß alle Elemente mit kleineren Indizes nicht größer als x sind und alle mit größeren Indizes größer als x sind. Wenn x in A nicht vorkommt, soll also ein Index i berechnet werden, nach welchem x eingefügt werden kann.

Um eine Invariante zu erhalten, wird die Postcondition R insofern verallgemeinert, als i + 1 im zweiten All-Quantor durch die Variable j aus dem Bereich i < j ≤ N ersetzt wird:

9. Beispiele für Programmentwicklungen

Invariante P: (**All** k : $0 \leq k \leq i$: $A_k \leq x$) **and**
(**All** k : $j \leq k < N$: $A_k > x$) **and** $i < j \leq N$

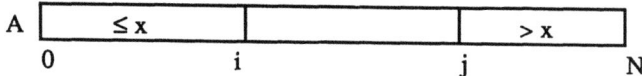

Nach der initialisierenden Zuweisung i, j := −1, N sind die Bereiche beider Allprädikate in P leer und daher die Invariante P erfüllt. Wenn i + 1 = j zusätzlich zur Invariante gilt, ist die Postcondition erfüllt. Damit ist i + 1 = j die Abbruchbedingung. Um dieses Ziel zu erreichen, muß bei i + 1 < j entweder i erhöht oder j verkleinert werden. Die Terminationsfunktion ist t: j − i. Im Gegensatz zur linearen Suche wird i nicht nur um 1 erhöht (bzw. j um 1 vermindert), sondern um die halbe Intervallänge.

Wir betrachten daher die Zuweisungen i := (i + j) **div** 2 und j := (i + j) **div** 2. Eine Hilfsvariable d soll die Intervallmitte enthalten:

$$d := (i + j) \textbf{ div } 2$$

Nun stellt sich die Frage, unter welcher Bedingung i := d und unter welcher Bedingung j := d durchgeführt werden soll. Um diese Bedingung zu bestimmen, betrachten wir P_d^i und P_d^j.

P_d^i: (**All** k : $0 \leq k \leq d$: $A_k \leq x$) **and**
(**All** k : $j \leq k < N$: $A_k > x$) **and** $d < j \leq N$

Da A aufsteigend sortiert ist, gilt: wenn P **and** $A_d \leq x$ gilt, ist auch (**All** k : $0 \leq k \leq d$: $A_k \leq x$) erfüllt und damit auch P_d^i. Analog dazu ist P_d^j erfüllt, wenn P **and** $A_d > x$ gilt. Die Zuweisung i := d kann also durchgeführt werden, wenn $A_d \leq x$ gilt, bzw. j := d, wenn $A_d > x$ gilt.

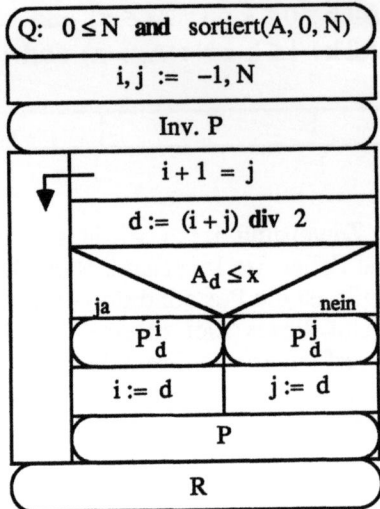

Für die Aufwandsabschätzung betrachten wir die Terminationsfunktion t: j − i, deren Wert bei jedem Schleifendurchlauf halbiert wird, bis j − i den Wert 1 hat. j − i hat zu Beginn den Wert N + 1, daher gibt es $O(ld\ N)$ Schleifendurchläufe, die jeweils konstanten Rechenaufwand besitzen. Also ist der Gesamtaufwand von $O(ld\ N)$.

9.3 Die Datenstruktur Heap (Halde)

Ein binärer Baum wird Heap genannt, wenn der Wert eines jeden Knotens nicht größer als der Wert seines Vaterknotens ist.

Diese Bedingung, die sogenannte Heap-Bedingung, läßt sich etwas formaler auch folgendermaßen beschreiben:

Heap-Bedingung:

    (All v, s : s ist Sohn von v : (Wert von s) ≤ (Wert von v))

Beispiel für einen Heap:

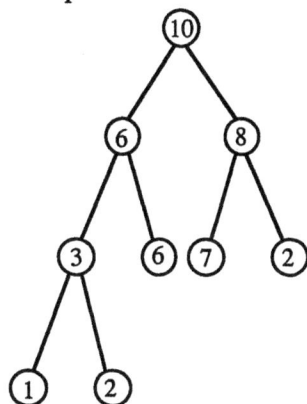

Der Wert jedes einzelnen Knotens ist aufgrund der Heap-Bedingung größer als der Wert jedes seiner Söhne. Er ist aber auch größer als jeder seiner weiteren Nachkommen. Das folgt aus der Transitivität der $\leq$-Relation. Jeder Knoten enthält also das maximale Element desjenigen Teilbaumes, dessen Wurzel er ist. Insbesondere enthält die Wurzel des gesamten Baumes den größten aller Werte.

Ein Heap kann leicht in einem linearen Feld a(i : 0 ≤ i) abgespeichert werden. Dazu ordnet man die Knoten des Heaps den Elementen des Feldes zu. Wenn die einzelnen Knoten des Baumes schichtweise, also beginnend bei der Wurzel, Ebene für Ebene den Elementen des Feldes zugeordnet werden, kann ein vollständiger Baum lückenlos durch ein Feld repräsentiert werden. Die Wurzel des gesamten Baumes hat dann den Index 0, die beiden Söhne der Wurzel die Indizes 1 und 2 usw.

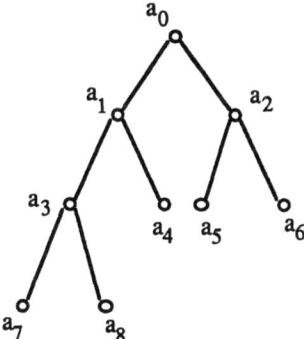

Ersichtlich ist, daß die Söhne eines Knotens mit Index v die Indizes $2v + 1$ und $2v + 2$ besitzen. Mit Hilfe dieser Indexberechnungen kann der Baum beginnend bei der Wurzel bis zu den Blättern leicht durchlaufen werden.

Man kann aber auch sehr einfach von einem beliebigen Knoten zu dessen Vaterknoten gelangen. Der Vaterknoten eines Knotens s hat nämlich stets den Index (s − 1) **div** 2.

Wird ein Heap als Feld gespeichert, kann man sich statt auf einen Heap in Baumstruktur auch auf das entsprechende Feld beziehen. Wir können also z.B. die Heap-Bedingung als Bedingung zwischen Elementen eines Feldes auffassen. Allerdings sollten wir uns dennoch im Hinterkopf stets die Baumstruktur des Heaps merken.

Das Feld a(k : $0 \leq k < N$) ist ein Heap, wenn

$$a_s \leq a_v \quad \text{für} \quad 2v + 1 \leq s \leq 2v + 2 \quad \text{gilt.}$$

Noch präziser: das Feld a(k : $0 \leq k < N$) ist genau dann ein Heap, wenn

$$(\text{All } v, s : \ (0 \leq v < s < N) \ \text{ and } \ (2v + 1 \leq s \leq 2v + 2) : \ a_s \leq a_v)$$

gilt. Das ist die Heap-Bedingung für Felder.

Auch ein Teilbereich eines Feldes a, z.B: a(k : $i \leq k < j$), kann als Heap bezeichnet werden:

Heap(i, j):   (**All** v, s : $i \leq v < s < j$ **and** $2v + 1 \leq s \leq 2v + 2$: $a_s \leq a_v$)

Dieser Teilbereich des Feldes ist für i > 0 eigentlich kein Baum, es fehlen die oberen Schichten des Baumes.

Heap(0, N) bedeutet, daß das gesamte Feld a ein Heap ist.

Als erste Aufgabe muß aus einem unsortierten Feld a ein Heap(0, N) erzeugt werden. Dabei sollen die Elemente von a nur permutiert werden.

```
       ⎛      a = A       ⎞
       ⎝                  ⎠
       ⎢     build(N)     ⎢
       ⎛ Heap(0, N) and Perm(a, A) ⎞
       ⎝                           ⎠
```

Eine mögliche Invariante erhalten wir durch Ersetzen der beiden Konstanten 0 und N durch die Variablen i und j:

Inv. P: Heap(i, j) **and** Perm(a, A) **and** $0 \leq i \leq j \leq N$

9. Beispiele für Programmentwicklungen

Die Invariante kann durch i, j := N, N leicht initialisiert werden, da Heap(N, N) stets erfüllt ist. Für i = 0 **and** j = N ist die gewünschte Postcondition Heap(0, N) erfüllt. Es muß also i verringert werden, j kann im Wert gleichbleiben. Wird i durch i := i − 1 verringert, muß der Heap an der Stelle i um ein weiteres Element vergrößert werden. Das kann mit einem Programm sift(i), das folgende Zusicherungen erfüllt, erfolgen:

> Heap(i+1, j) **and** a = A
>
> sift(i)
>
> Heap(i, j) **and** Perm(a, A)

sift(i) erweitert den Heap an der Stelle i um ein weiteres Element. Dabei dürfen die Elemente von a nur permutiert werden.

Aus einem gegebenen Feld a(k: $0 \leq k < N$) wird nun mit folgendem Programm ein Heap aufgebaut:

build(N):

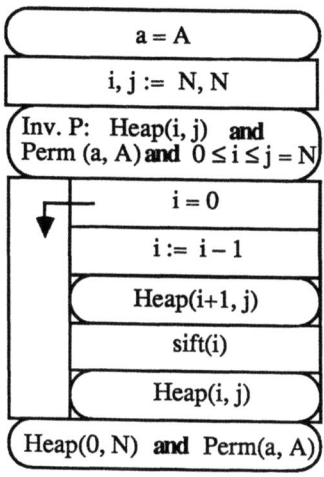

Dieses Programm kann noch etwas optimiert werden, indem unnötiger Rechenaufwand eingespart wird. Die Bedingung Heap(i, N) ist nicht nur für i = N, sondern für alle i ≥ N **div** 2 erfüllt, da alle Knoten i aus dem Intervall N **div** $2 \leq i < N$ keinen Sohnknoten s im Bereich $0 \leq s < N$ besitzen. Daher kann i statt mit N auch mit N **div** 2 initialisiert werden.

Nun wollen wir das Programm sift(i) entwickeln. Es fügt an einen Heap(i+1, j) einen neuen Wert w = a_i als Wurzel eines (Teil-)Baumes hinzu. Ist w größer als jeder seiner beiden Söhne, dann ist Heap(i, j) erfüllt, anderenfalls soll w im Baum so lange sinken, bis er an der richtigen Position steht. Das Sinken des zu kleinen Wertes kann durch Vertauschen von w mit dem größeren seiner beiden Söhne erfolgen. Danach steht an der Stelle i der richtige Wert. Ist w nun kleiner als der größere seiner beiden neuen Söhne, wird das Vertauschen so lange fortgesetzt, bis für alle Knoten wieder die Heap-Bedingung erfüllt ist.

Die Invariante für sift(i) verallgemeinert die Postcondition dadurch, daß für einen einzigen Knoten w die Heap-Bedingung nicht erfüllt sein muß.

Inv. P: **(All** $v, s : (i \leq v < s < j)$ **and** $(2v + 1 \leq s \leq 2v + 2) : a_v \geq a_s$ **or** $v = w$) **and** Perm(a, A)

Es gilt P **and** $2w + 1 \geq j \Rightarrow$ Heap(i, j) **and** Perm(a, A), denn für $2w + 1 \geq j$ besitzt w keine Söhne s im Intervall $i \leq s < j$. Damit wird $2w + 1 \geq j$ zur Abbruchbedingung des Programms sift(i).

sift(i):

```
┌─────────────────────────────────────┐
│   Heap(i+1, j)  and   a = A         │
├─────────────────────────────────────┤
│              w := i                 │
├─────────────────────────────────────┤
│                P                    │
├─────────────────────────────────────┤
│           2w + 1 ≥ j                │
│                                     │
│   s := "größerer Sohn von w"        │
│                                     │
│      s ist der größere Sohn         │
│                                     │
│     ja      a_w < a_s      nein     │
│                                     │
│   a_w, a_s := a_s, a_w   │   %      │
│                                     │
│              w := s                 │
│                                     │
│                P                    │
├─────────────────────────────────────┤
│      Heap(i, j)  and  Perm(a, A)    │
└─────────────────────────────────────┘
```

Der größere der beiden Söhne von ẇ kann zum Beispiel mit dem folgenden Programm berechnet werden:

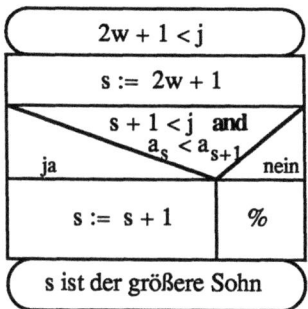

Nach der Zuweisung s := 2w + 1 sind s und s + 1 die beiden Söhne von w. Da wir hier nur Söhne mit Indizes < j betrachten, muß mit der Bedingung s + 1 < j sichergestellt werden, daß auch s + 1 im Intervall i ≤ s < j liegt. Ist das der Fall, dann ist s + 1 der größere Sohn, wenn $a_s < a_{s+1}$ gilt.

Der Aufwand für das Programm sift(i) ist höchstens proportional zur Tiefe des Baumes. Da ein Heap(0, N) stets ein ausbalancierter Baum ist, ist seine Tiefe ld N. Ein Heap(i+1, j) besteht aus den Knoten eines Heap(0, j) mit Ausnahme der Knoten des Heap(0, i+1). Die Tiefe des Heap(i+1, j) beträgt also ld j – ld (i + 1) = ld j/(i + 1).

Der Aufwand von sift(i) ist daher O(log j/(i + 1)), insbesondere ist sift(0) von O(log j).

Der Aufwand von build(N), dem Aufbau eines Heaps, ist überraschenderweise proportional zu N, also von O(N). Für die letzten N/2 Elemente des Heaps ist der Aufwand 1, für N/4 Elemente ist der Aufwand 2, für N/8 Elemente ist er 3 usw.

$$\text{Aufwand(build)} \approx (\Sigma\, i: 1 \leq i: i * \frac{N}{2^i})$$
$$= N * (\frac{1}{2} + \frac{2}{4} + \frac{3}{8} + \frac{4}{16} + ...)$$
$$= 2N$$

Mit O(1) kann das Maximum des Heaps ermittelt werden:

getmax: max := a_0

Das größte Element a_0 des Heap(0, j+1) kann mit $O(\log j)$ entfernt werden:

deletemax:

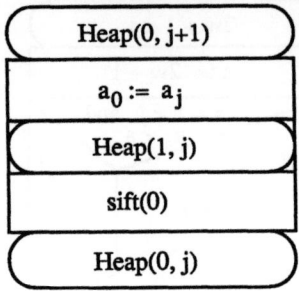

Nach diesen beiden Anweisungen bleibt ein Heap(0, j) übrig, sodaß wieder a_0 als Maximum aller Elemente des Heaps zur Verfügung steht.

Zusammenfassung:

- Ein Heap ist ein binärer Baum, in dem die Wurzel jedes Teilbaumes das maximale Element dieses Teilbaumes enthält.

- Ein Heap(i+1, j) kann durch sift(i) an der Stelle i mit Zeitaufwand $O(\log N)$ zu einem Heap(i, j) erweitert werden.

- Ein Heap mit N Elementen kann durch build(N) mit Zeitaufwand $O(N)$ aufgebaut werden.

- Das Maximum aller Elemente eines Heap(0, N) steht mit a_0 unmittelbar zur Verfügung. Es kann also mit Zeitaufwand $O(1)$ ermittelt werden.

- Das Maximum kann mit $O(\log j)$ aus einem Heap(0, j+1) entfernt werden, wonach wieder ein Heap(0, j) entsteht.

Ein Heap wird also dann effektiv eingesetzt, wenn aus einer sich ändernden Menge von Werten häufig das Maximum benötigt wird. Das ist zum Beispiel bei Prioritätswarteschlangen der Fall, bei denen stets das Element mit der höchsten Priorität als nächstes bearbeitet werden muß.

Aufgaben zu 9.3:

1. Die Schleife im Programm sift(i) kann im Fall $a_w \geq a_s$ beendet werden, da bereits ein Heap vorliegt und keine weiteren Vertauschungen notwendig sind. Bringt diese Optimierung überhaupt eine wesentliche Verbesserung im Aufwand von sift(i)?

2. Schreiben Sie ein Programm lift(j), das einen neuen Knoten an der Stelle j hinten an den Heap anfügt. lift(j) soll folgende Zusicherungen erfüllen:

$$\{Heap(i, j)\} \quad lift(j) \quad \{Heap(i, j+1)\}$$

Statt wie in sift(i) zu sinken, steigt der neue Wert an die endgültige Position im Heap.
Geben Sie wie bei sift(i) eine entsprechende Invariante an.
Wie groß ist der Aufwand von lift(j)?

3. Schreiben Sie ein Programm build, das mit Hilfe von lift(j) aus Aufgabe 2 einen Heap(0, N) aufbaut.
Was sind die wesentlichen Unterschiede zum Programm build, das sift(i) verwendet?

4. Zeigen Sie, daß jedes fallend sortierte Feld ein Heap ist.

9.4 Heapsort

Ist ein Feld $a(k : 0 \leq k < N)$ als Heap organisiert, kann a mit folgender Invariante sortiert werden:

P: Heap(0, j)
    and $0 \leq j \leq N$
    and sortiert(j, N)
    and $a(k : 0 \leq k < j) \leq a(k : j \leq k < N)$

"Die ersten j Elemente von a bilden einen Heap und sind nicht größer als die restlichen aufsteigend sortierten N – j Elemente"

```
        ≤
a | Heap(0, j) | sortiert(j, N) |
  0            j                N
```

sortiert(j, N) ist dabei die Abkürzung für das Prädikat:

$$\text{sortiert}(j, N) : (\textbf{All } k : j < k < N : a_{k-1} \leq a_k)$$

Ein Heap kann sortiert werden, indem die Grenze j zwischen dem Heap und dem sortierten Feld nach links verschoben wird.

Für j = N kann P mit build(j) initialisiert werden.

Aus (j = 0) **and** P folgt sortiert(0, N), daher ist j = 0 die Abbruchbedingung.

Für die Terminationsfunktion wählen wir t: j, da j in jedem Schleifendurchlauf kleiner werden soll.

Nach der Zuweisung j := j – 1 können die beiden letzten Bedingungen der Invariante durch Vertauschen von a_j mit a_0, dem größten Element des Heaps, wiederhergestellt werden. Nach dem Vertauschen gilt nur mehr Heap(1, j), aber sift(0) kann daraus wieder einen Heap(0, j) machen, sodaß P wieder zur Gänze erfüllt ist.

Damit ergibt sich folgendes Programm für Heapsort:

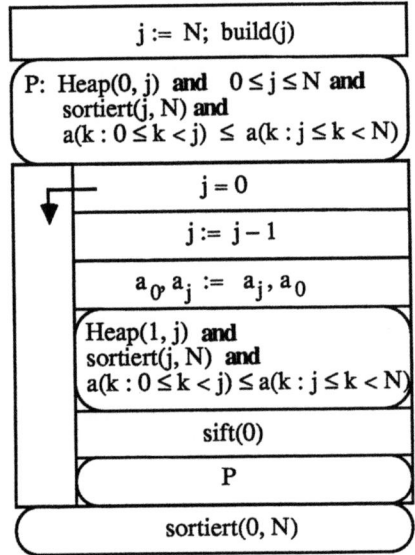

Der Aufwand von Heapsort ist O(N * log N), denn N mal wird sift(0) mit O(log N) ausgeführt. Dazu kommt noch der Initialisierungsaufwand O(N) für build(N). Mit dem garantierten Gesamtaufwand von O(N * log N) gehört Heapsort zu den effizientesten Sortieralgorithmen.

9.5 Die M kleinsten Elemente von N Elementen

Häufig stellt sich die Aufgabe (etwa bei Sportbewerben oder Wahlen), nicht nur den besten, sondern die M besten, kleinsten oder häufigsten Werte aus

9. Beispiele für Programmentwicklungen

einer großen Menge von Werten zu bestimmen. Wir wollen hier die M kleinsten Elemente von N gegebenen nicht sortierten Elementen ermitteln.

Eine erste und konzeptuell einfache Möglichkeit besteht darin, alle Elemente aufsteigend zu sortieren und die ersten M Elemente auszugeben. Im allgemeinen wird durch das Sortieren aber zuviel geleistet: nicht nur die M kleinsten Elemente werden ermittelt, sondern alle Elemente sortiert. Da dies keinesfalls notwendig ist, versuchen wir daher ein effizienteres Verfahren zu finden.

In einem Feld $B(i : 0 \leq i < N)$ seien die N Werte enthalten, von denen die M kleinsten zu ermitteln sind.

Um die Aufgabenstellung zu konkretisieren, bestimmen wir die Pre- und die Postcondition der Aufgabe.

Als Precondition Q soll bloß gefordert sein, daß es mindestens M Elemente in B gibt. Weitere Einschränkungen an die gegebenen Elemente sind nicht nötig.

Precondition Q: $\quad 0 \leq M \leq N$

Um die Postcondition formulieren zu können, legen wir fest, daß die M kleinsten Werte von B in einem Feld $a(i : 0 \leq i < M)$ gespeichert werden.

Postcondition R: das Feld a enthält die M kleinsten Elemente des Feldes B.

Präziser, aber noch informal, lautet R:

"Jedes Element von a ist in B enthalten, und alle Elemente von B, die nicht in a enthalten sind, sind mindestens so groß wie jedes einzelne Element von a."

Für die formale Formulierung der Postcondition schreiben wir für "jedes Element von a ist in B enthalten":

$$a \subseteq B$$

und für "alle Elemente von B, die nicht in a enthalten sind":

$$B - a$$

und für "alle Elemente des Feldes B sind mindestens so groß wie jedes einzelne Element von a":

$$a \leq B$$

Die Postcondition R lautet daher formal:

Postcondition R: a $\subseteq$ B and a $\leq$ B − a

Alle Elemente von B, die nicht in a enthalten sind, sind mindestens so groß wie alle Elemente von a, daher sind sie zumindest so groß wie Max(a), das größte Element von a.

Max(a):   (**Max** j : $0 \leq j < M$: a_j)

Die Postcondition kann daher auch folgendermaßen formuliert werden:

Postcondition R: a $\subseteq$ B **and** Max(a) $\leq$ (B − a)

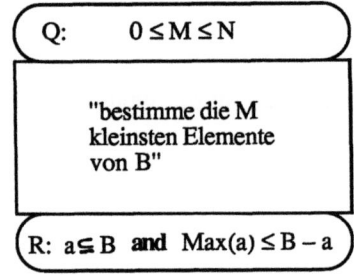

Um eine Invariante zu ermitteln, kann mit der Standardmethode "Konstante durch Variable ersetzen" die Konstante N durch eine Variable n ersetzt werden.

Inv. P: a $\subseteq$ B(i : $0 \leq i < n$) **and** Max(a) $\leq$ B(i : $0 \leq i < n$) − a **and** $0 \leq n \leq N$

Wegen (P **and** n = N) $\Rightarrow$ R lautet die Abbruchbedingung n = N.

P kann für n = M initialisiert werden, indem a die ersten M Elemente von B erhält. Dann ist der Wert Max(a) jedenfalls nicht größer als ein Element von B(i : $0 \leq i < n$) − a, weil diese Menge dann leer ist.

Die Variable n beginnt also bei n = M und wird im Laufe des Verfahrens größer, bis sie am Ende den Wert n = N erreicht. Für die Terminationsfunktion wählen wir daher

           t: N − n.

9. Beispiele für Programmentwicklungen

Wird n im Laufe des Verfahrens stets um 1 erhöht, hat das Programm folgende Struktur:

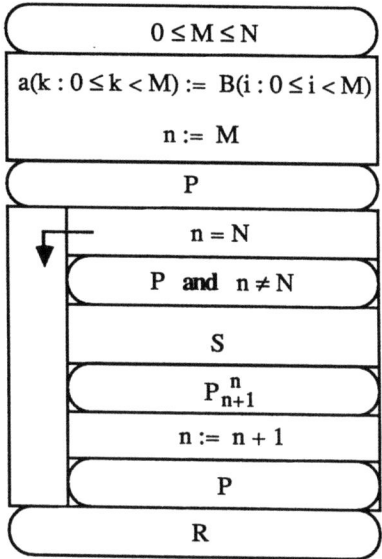

Um die fehlende Anweisung S zu ermitteln, betrachten wir ihre Postcondition P_{n+1}^n:

$$P_{n+1}^n = a \subseteq B(i : 0 \leq i < n+1) \text{ and } Max(a) \leq B(i : 0 \leq i < n+1) - a$$
$$\text{and } 0 \leq n+1 \leq N$$

$$= a \subseteq B(i : 0 \leq i < n+1) \text{ and } Max(a) \leq B(i : 0 \leq i < n) - a$$
$$\text{and } Max(a) \leq B_n \text{ and } 0 \leq n+1 \leq N$$

Falls $Max(a) \leq B_n$ gilt, ist P_{n+1}^n bereits erfüllt, wenn P and $n \neq N$ gilt. Daher ist in diesem Fall keine Anweisung S notwendig.

Für $Max(a) > B_n$ muß $Max(a)$ aus a entfernt und B_n hinzugefügt werden, damit $Max(a) \leq B_n$ gilt. Die anderen Bedingungen von P_{n+1}^n sind nach dem Austausch von $Max(a)$ durch B_n weiterhin erfüllt.

Wir erhalten also folgendes Programmstück für S:

ja	$B_n < \text{Max}(a)$	nein
"entferne Max(a) aus a und füge B_n hinzu"		%

Das Entfernen des Maximums und Hinzufügen eines neuen Elementes ist ein Musterbeispiel für die Anwendung eines Heap. Ist $a(k : 0 \leq k < M)$ ein Heap(0, M), dann kann S durch

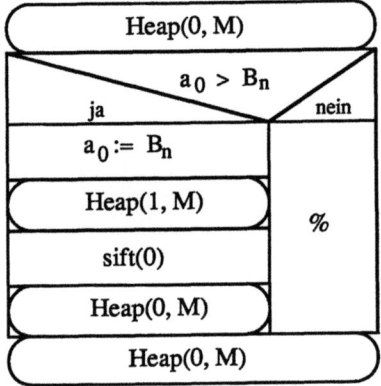

realisiert werden. Die zusätzliche Invariante

P_1: Heap(0, M)

garantiert, daß a ein Heap ist. P_1 wird durch build(M) initialisiert.

9. Beispiele für Programmentwicklungen   125

Für das vollständige Programm erhalten wir

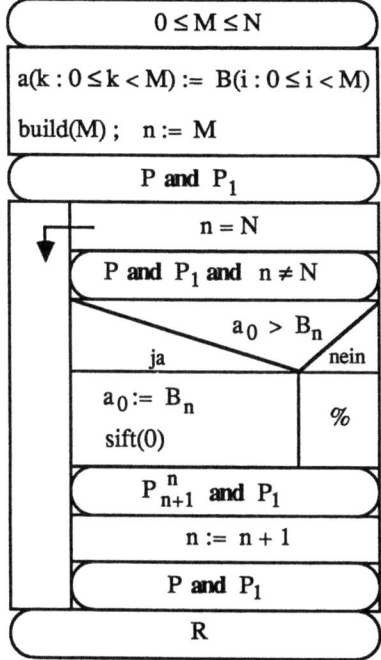

Da das Ergebnisfeld a gleichzeitig auch als Heap verwendet wird, ist bei unserer Lösung kein zusätzlicher Speicherbedarf erforderlich. Das Feld B wird sequentiell abgearbeitet und dabei jedes Element genau einmal verwendet. Aus diesem Grund ist eine permanente Speicherung des Feldes B nicht notwendig. Es könnten die Feldelemente B_n auch als Werte interpretiert werden, die nur zu den Zeitpunkten n zur Verfügung stehen.

Aufwandsabschätzung:

Der Aufwand für die Initialisierung build(M) beträgt O(M). In der Programmschleife werden N − M weitere Elemente von B untersucht. Der Aufwand des Verfahrens hängt wesentlich davon ab, wieviele dieser Elemente mit sift in den Heap a eingefügt werden müssen. Im günstigsten Fall müssen keine weiteren Elemente in den Heap eingefügt werden. Das ist dann der Fall, wenn die M ersten Elemente bereits die M kleinsten sind. Der Gesamtaufwand im günstigsten Fall beträgt daher $O(M + (N - M)) = O(N)$. Im ungünstigsten Fall eines fallend sortierten Feldes B ist der Gesamtaufwand $O(M + (N - M) * \log M)$, da N − M mal sift mit einem Aufwand von $O(\log M)$ durchgeführt werden muß. Es kann gezeigt werden, daß bei einer mittleren Verteilung der Elemente von B nur $O(\log N)$ mal das Maximum von a durch einen kleineren Wert ersetzt und sift(i) ausgeführt wird und N − M − log N mal sift nicht ausgeführt wird. Es entsteht also ein mittlerer Aufwand von O(M + log N * log M + N − M − log N) = O(log N * log M + N).

Würde statt eines Heaps einfach ein unsortiertes Hilfsfeld a verwendet werden, müßte jedesmal, wenn das Maximum von a durch einen kleineren Wert ersetzt wird, der neue Maximalwert mit Aufwand O(M) berechnet werden. Das würde im ungünstigsten Fall einen Gesamtaufwand von O(M + (N − M) * M) ergeben. Im Mittel ist der Aufwand immerhin noch O(M + M * log N + N − M − log N) = O(M * log N + N). Das Sortieren aller Elemente ist mit einem Aufwand von O(N * log N) noch ungünstiger. Je größer die Anzahl von Elementen N ist, desto größer wird auch der Vorteil, den man aus der Verwendung der etwas anspruchsvolleren Datenstruktur eines Heaps erzielen kann.

9.6 Maximaler Kursgewinn bei Wertpapieren

Der Kurs von Wertpapieren wird an der Börse täglich festgelegt. Eine Spekulation besteht im Kauf eines Wertpapieres an einem Tag und Verkauf an einem späteren Tage in der Hoffnung, durch eine Kurssteigerung einen möglichst hohen Kursgewinn zu erzielen.

Wir wollen in unserem Beispiel den größtmöglichen Kursgewinn, den man in den letzten N Tagen durch eine einzige Spekulation erreichen hätte können, berechnen.

Für die Berechnung seien die Tageskurse der letzten N Tage in einem Feld K(i : 0 ≤ i < N) gespeichert. Ziel ist es, den Kursgewinn $K_j - K_i$ für j > i zu maximieren. Die Postcondition R lautet daher:

$\qquad$ R: $\qquad$ g = (**Max** i, j : 0 ≤ i < j < N : $K_j - K_i$).

Eine Spekulation ist nur dann möglich, wenn es mindestens 2 Kurstage gibt. Wir erhalten somit die Precondition

$\qquad$ Q: $\qquad$ N ≥ 2

Der größtmögliche Kursgewinn g kann bei andauerndem Kursverfall auch negativ werden. Dann stellt der größtmögliche, aber negative Gewinn den kleinstmöglichen Verlust dar.

Durch Ersetzen der Konstante N in der Postcondition R durch die neue Variable n mit dem Bereich 2 ≤ n ≤ N erhalten wir eine erste Invariante P_0:

9. Beispiele für Programmentwicklungen   127

Inv. P_0: $(2 \leq n \leq N)$ **and** $g = ($**Max** $i, j : 0 \leq i < j < n : K_j - K_i)$

also Inv. P_0:   "g enthält den maximalen Kursgewinn der ersten n Tage", $2 \leq n \leq N$.

Es gilt: P_0 **and** $(n = N) \Rightarrow R$, daher ist $(n = N)$ die Abbruchbedingung der Schleife.

P_0 kann für $n = 2$ leicht initialisiert werden: $g := K_1 - K_0$.

Die Variable n wird somit unter Invarianz von P_0 so lange erhöht, bis $n = N$ ist. Am vorsichtigsten ist eine Erhöhung von n um 1. Eine geeignete Terminationsfunktion ist dann

$$t : N - n.$$

Das Programm hat also folgende Struktur:

"Maximaler Kursgewinn":

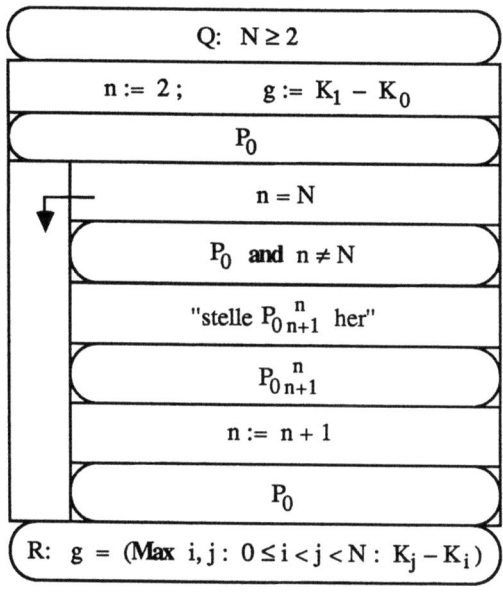

Das Programm ist fertig, wenn es gelingt, ein Programmstück für

$\{P_0$ **and** $(n \neq N)\}$ "stelle $P_0{}_{n+1}^{n}$ her" $\{P_0{}_{n+1}^{n}\}$

zu entwickeln. Dazu betrachten wir $P_0{}_{n+1}^n$ näher:

$P_0{}_{n+1}^n:$ $(2 \leq n+1 \leq N)$ **and** $g = ($**Max** $i, j: 0 \leq i < j < n+1: K_j - K_i)$

Der erste Teil $(2 \leq n+1 \leq N)$ ist erfüllt, wenn P_0 **and** $(n \neq N)$ gilt. Daher konzentrieren wir uns ganz auf den zweiten Teil:

$$\begin{aligned}
g &= (\textbf{Max } i, j: 0 \leq i < j < n+1: K_j - K_i) \\
&= (\textbf{Max } i, j: 0 \leq i < j < n: K_j - K_i) \textbf{ max } (\textbf{Max } i: 0 \leq i < n: K_n - K_i) \\
&= (\textbf{Max } i, j: 0 \leq i < j < n: K_j - K_i) \textbf{ max } (K_n + (\textbf{Max } i: 0 \leq i < n: -K_i)) \\
&= (\textbf{Max } i, j: 0 \leq i < j < n: K_j - K_i) \textbf{ max } (K_n - (\textbf{Min } i: 0 \leq i < n: K_i))
\end{aligned}$$

Wäre in einer Variablen min der Wert (**Min** $i: 0 \leq i < n: K_i$), also das Minimum der ersten n Kurswerte, enthalten, würde die Zuweisung

$$g := g \textbf{ max } (K_n - min)$$

das gewünschte Ergebnis herstellen. Es ist daher die zusätzliche Invariante P_1 notwendig:

Inv. $P_1:$ $\quad$ min $= ($**Min** $i: 0 \leq i < n: K_i)$

P_1 wird für $n = 2$ durch min $:= K_0$ **min** K_1 initialisiert.

Auch $P_1{}_{n+1}^n$ muß hergestellt werden:

$P_1{}_{n+1}^n:$ $\quad$ min $= ($**Min** $i: 0 \leq i < n+1: K_i)$

$\Leftrightarrow$ $\quad$ min $= ($**Min** $i: 0 \leq i < n: K_i)$ **min** K_n

Die Anweisung min $:=$ min **min** K_n stellt also $P_1{}_{n+1}^n$ her. Damit erhält man das komplette Programm mit Invariante P_0 **and** P_1.

"Maximaler Kursgewinn":

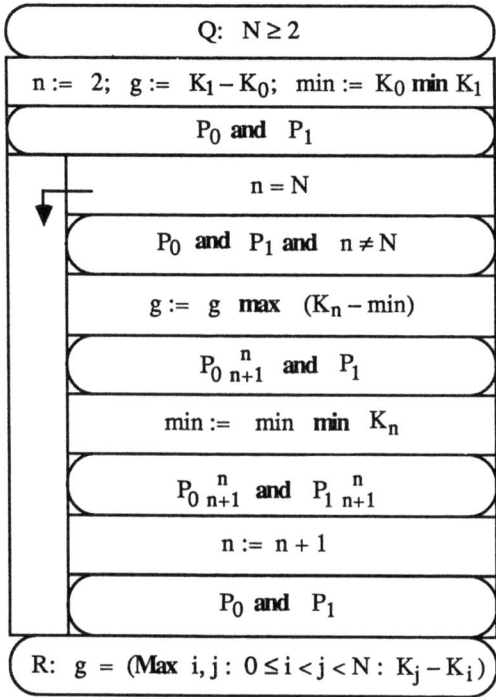

Durch konsequentes Anwenden der Programmentwicklungsmethode ist ein sehr effizientes Programm mit Laufzeit O(N) entstanden, obwohl die Postcondition nicht unmittelbar einen linearen Aufwand erwarten läßt, da sie zwei unabhängig variierende Indizes i und j mit $\binom{N}{2} = O(N^2)$ Kombinationsmöglichkeiten enthält.

10. Unterprogramme (Prozeduren)

Programmteile, die mehrmals in einem Programm enthalten sind und sich lediglich durch die Verwendung verschiedener Variablen unterscheiden, können in Form von Unterprogrammen nur ein einziges Mal formuliert werden. Wenn ein Unterprogramm ausgeführt werden soll, wird es mit seinem Namen aufgerufen, und die aktuellen Parameterwerte werden angegeben, wie etwa beim Aufruf sqrt(a, w).

Die einzelnen Anweisungen innerhalb einer Prozedur sind normalerweise nach außen nicht sichtbar. Nur die bezweckte Wirkung des Unterprogramms soll für das aufrufende Programm bekannt sein. Die Wirkung kann mit einer Precondition U und einer Postcondition V festgelegt werden. Diese Spezifikation {U} . {V} soll nur Parameter, aber keine globalen Variablen enthalten.

Ein Unterprogramm ist eine *Abstraktion*, da es alle Details des Prozedurrumpfes verbirgt. Nach außen hin ist nur eine Schnittstelle mit Prozedurname, Parametern und Spezifikation des Prozedurrumpfes sichtbar.

Große Programme können mit Hilfe der Unterprogrammtechnik in kleine überschaubare Einheiten zerlegt und diese sodann getrennt verifiziert werden. Ist ein Unterprogramm fertiggestellt und seine Wirkung verifiziert, kann es beliebig oft verwendet werden, ohne daß die einzelnen Anweisungen seines Programmtextes bekannt sein müssen. Nur seine Spezifikation wird zur Verifikation des aufrufenden Programmteiles verwendet.

10.1 Die Prozedurdeklaration

Wir betrachten Prozedurdeklarationen der Gestalt

        procedure p(**in** x; **inout** y; **out** z);
          {U} S {V}

Die Prozedur mit Namen p hat drei verschiedene Arten von formalen Parametern: der Parameter x ist ein Eingangsparameter (**in**), y ist ein Durchgangsparameter (**inout**) und z ist ein Ergebnisparameter (**out**). Um die Darstellung einfach zu halten, geben wir hier für jede Art von Parametern nur ein einziges Exemplar an. Selbstverständlich können auch mehrere Eingangsparameter oder gar kein Durchgangsparameter usw. verwendet werden. Die Eingangsparameter x erhalten beim Aufruf einen Wert, der in S nicht verändert werden darf. Den Eingangsparametern entsprechen daher die festen unveränderlichen Variablen eines Programmstücks. Die Durchgangsparameter erhalten beim Aufruf einen Wert, der in S verändert werden darf. Die Ergebnisparameter z erhalten beim Aufruf keinen Wert, es wird aber ein Wert zurückgeliefert.

Die Wirkung des Prozedurrumpfes S ist mit Pre- und Postcondition beschrieben. Die Precondition U darf nur x und y als freie Variablen, die Postcondition V darf nur x, y und z als freie Variablen enthalten. Der Parameter z ist ausschließlich Ergebnisparameter, deswegen darf er nicht bereits in der Precondition U vorkommen. In der Parameterliste einer Prozedur sind also alle Variablen enthalten, die zur Beschreibung der Wirkung des Unterprogramms notwendig sind. Die Gültigkeit von {U} S {V} wird bei Prozeduren als bereits bewiesen angenommen.

Die Prozedurdeklaration mit der Liste der formalen Parameter und der Spezifikation der Wirkung der Prozedur bilden die gesamte Schnittstelle zum aufrufenden Programm. Die einzelnen Anweisungen des Prozedurrumpfes stellen eine der vielen möglichen Implementierungen der spezifizierten Wirkung dar, sie sind daher austauschbar und kein Bestandteil der Schnittstelle.

Der Zustandsraum des Prozedurrumpfes S besteht nur aus den formalen Parametern x, y und z. Nur die Parameter y und z dürfen verändert werden. Das Verändern oder Verwenden von globalen Variablen ist im Rumpf nicht erlaubt und führt zu sogenannten Nebenwirkungen (Sideeffects) der Prozedur, die nicht erwünscht sind. Wir betrachten hier daher nur solche Prozeduren, die folgende Bedingungen erfüllen:

- der Prozedurrumpf S verwendet nur die Parameter x, y und z

- die formalen Parameter x, y und z sind von allen Variablen im aufrufenden Programm verschieden

- der Wert von x wird in S nicht verändert

- wp(S, V) ist unabhängig von z

- U hängt nur von x und y ab, V nur von x, y und z

Diese Bedingungen bilden keine wesentliche Einschränkung für den Einsatz von Prozeduren. Sie fordern bloß, daß die Prozedurdeklaration als Schnittstelle zum aufrufenden Programm klar und ohne Nebenwirkungen formuliert ist. Die Verifikation des Prozeduraufrufs wird dadurch wesentlich erleichtert.

10.2 Der Prozeduraufruf

Ein Prozeduraufruf hat allgemein die Form

$$p(a, b, c).$$

Der aktuelle Parameter a ist ein Ausdruck, dessen Wert beim Aufruf berechnet wird, b und c müssen Variablen des aufrufenden Programmstücks sein. Dem Prozeduraufruf p(a, b, c) entspricht folgendes Programmstück

$$x, y := a, b\,; \quad S\,; \quad b, c := y, z$$

aus dem man den Parameterübergabemechanismus zwischen den formalen Parametern x, y, z und den aktuellen Parametern a, b, c erkennen kann. Die formalen und die aktuellen Parameter haben stets verschiedene Namen, daher kommen b und c in U, V und S nicht vor.

Für Prozeduraufrufe dieser Gestalt gilt folgende Prozedur-Regel, aber nur falls die aktuellen Parameter b und c verschiedene Namen haben:

Prozedur-Regel I

$$\frac{\{U\}\,S\,\{V\}}{\{U_{ab}^{xy}\}\ p(a, b, c)\ \{V_{bc}^{yz}\}}$$

Zum Beweis dieser Regel betrachten wir das dem Prozeduraufruf entsprechende Programmstück mit seinen Zusicherungen:

$$\{U_{ab}^{xy}\}\ x, y := a, b\,;\ \{U\}\ S\,;\ \{V\}\ b, c := y, z\ \{V_{bc}^{yz}\}$$

Für alle drei Anweisungen sind die angegebenen Pre- und Postconditions erfüllt:

$\{U_{ab}^{xy}\}\ x, y := a, b\ \{U\}$ gilt aufgrund des Zuweisungsaxioms,

$\{U\}\ S\ \{V\}$ wird als bewiesen vorausgesetzt und

$\{V\}\ b, c := y, z\ \{V_{bc}^{yz}\}$ gilt, da

$\{(V_{bc}^{yz})_{yz}^{bc}\}$ b, c := y, z $\{V_{bc}^{yz}\}$ aufgrund des Zuweisungsaxioms erfüllt ist

und $(V_{bc}^{yz})_{yz}^{bc}$ = V gilt, wenn b und c verschiedene Variablen sind, die nicht in V vorkommen.

Zu Pre- und Postcondition des Prozeduraufrufs kann selbstverständlich ein invariantes Prädikat I hinzugefügt werden, für das {I} p(a, b, c) {I} erfüllt ist. Die Prozedur-Regel I kann daher folgendermaßen erweitert werden:

Prozedur-Regel II

$$\frac{\{U\}\ S\ \{V\}}{\{U_{ab}^{xy}\ and\ I\}\ p(a, b, c)\ \{V_{bc}^{yz}\ and\ I\}}$$

Alle Prädikate I, die keine der Variablen b und c enthalten, sind invariant, weil vorausgesetzt ist, daß der Aufruf p(a, b, c) keine Nebenwirkungen hat. Diese Regel kann in der Praxis gut eingesetzt werden. Alle Bestandteile von Pre- und Postcondition, die im Prozeduraufruf nicht verändert werden, bleiben invariant.

10.3 Die schwächste Precondition des Prozeduraufrufs

Die schwächste Precondition von p(a, b, c) bezüglich einer Postcondition R kann nur dann exakt bestimmt werden, wenn der Prozedurrumpf S bekannt ist. Enthält die Postcondition R ohne Beschränkung der Allgemeinheit keine der formalen Parameter x, y und z, kann die schwächste Precondition mit Hilfe von Sequenzregel und Zuweisungsaxiom berechnet werden.

$$wp(p(a, b, c), R) = wp("x, y := a, b;\ S;\ b, c := y, z", R)$$

$$= wp(S, R_{yz}^{bc}{}_{ab}^{xy})$$

Die genaue Kenntnis der einzelnen Anweisungen des Prozedurrumpfes S entspricht aber nicht dem Wesen der Abstraktion, die dem Prozedurkonzept zugrundeliegt. Die Spezifikation {U} . {V} der Wirkung der Prozedur sollte ausreichen, um zu einem gegebenen Prozeduraufruf p(a, b, c) mit Postcondition R eine (nicht notwendigerweise schwächste) Precondition Q ermitteln zu können.

10.4 Verifikation des Prozeduraufrufs

Wir erstellen nun eine allgemeine Regel, wie zu einer beliebigen Postcondition R des Prozeduraufrufs p(a, b, c) eine möglichst schwache Precondition Q angegeben werden kann.

Prozedur-Regel III

$$\frac{\{U\}\ S\ \{V\}}{\{Q:\ U_{ab}^{xy}\ \text{and}\ (\text{All}\ u, v:\ V_{auv}^{xyz}:\ R_{uv}^{bc})\}\ p(a, b, c)\ \{R\}}$$

Diese Regel kann folgendermaßen hergeleitet werden:

Der Prozedurrumpf S kann für jeden einzelnen Prozeduraufruf p(a, b, c) in Gedanken durch eine Zuweisung y, z := u, v ersetzt werden, bei der die Ergebnisparameter y und z die Ergebniswerte u und v erhalten. Der Prozeduraufruf p(a, b, c) kann dann durch

$$\{Q\}\ x, y := a, b;\ \{U\}\ y, z := u, v\ \{V\};\ b, c := y, z\ \{R\}$$

ersetzt werden. Gesucht ist eine Precondition Q, die die Gültigkeit von U, V und R an den angegebenen Stellen garantiert. Um sicherzustellen, daß U vor dem Prozedurrumpf y, z := u, v gilt, muß

$$U_{ab}^{xy}$$

vor dem Prozeduraufruf gelten. Damit ist einmal U_{ab}^{xy} Bestandteil der Precondition Q. Da {U} S {V} als bewiesen angenommen wird, gilt V nach dem Prozedurrumpf, wenn U vor dem Prozedurrumpf erfüllt ist. Wenn V $\Rightarrow R_{yz}^{bc}$ gilt, dann ist R nach dem Prozeduraufruf erfüllt. Vor dem Prozeduraufruf hat diese Implikation die Form

$$((V \Rightarrow R_{yz}^{bc})_{uv}^{yz})_{ab}^{xy}$$

Gilt also auch noch diese Bedingung zusätzlich zu U_{ab}^{xy} vor dem Prozeduraufruf, dann ist R nach dem Aufruf erfüllt. Diese zweite Bedingung kann noch weiter vereinfacht werden:

$$((V \Rightarrow R_{yz}^{bc})_{uv}^{yz})_{ab}^{xy} = (V_{uv}^{yz})_{ab}^{xy} \Rightarrow ((R_{yz}^{bc})_{uv}^{yz})_{ab}^{xy}$$

10. Unterprogramme

$$(V_{uv}^{yz})_{ab}^{xy} = V_{auv}^{xyz} \quad \text{da y in } V_{uv}^{yz} \text{ nicht vorkommt}$$

$$((R_{yz}^{bc})_{uv}^{yz})_{ab}^{xy} = R_{uv}^{bc} \quad \text{da x und y in R nicht vorkommen}$$

Wenn also $V_{auv}^{xyz} \Rightarrow R_{uv}^{bc}$ vor dem Prozeduraufruf gilt, ist R nach dem Aufruf erfüllt, vorausgesetzt, V gilt nach dem Prozedurrumpf. Das wird aber von U_{ab}^{xy} garantiert. Da nicht bekannt ist, welche Werte u und v annehmen, kann man verlangen, daß diese Implikation für alle Werte u und v erfüllt sein soll:

$$(\text{All } u, v : : V_{auv}^{xyz} \Rightarrow R_{uv}^{bc})$$

Gilt diese Bedingung vor dem Prozeduraufruf, dann ist es gleichgültig, welche Werte u und v annehmen. Sie ist Bestandteil der Precondition für alle beliebigen Prozeduraufrufe p(a, b, c). Die Implikation $\Rightarrow$ kann vermieden werden, wenn V_{auv}^{xyz} in den Bereich des All-Quantors vorverlegt wird.

Die gesamte Precondition lautet dann

$$U_{ab}^{xy} \text{ and } (\text{All } u, v : V_{auv}^{xyz} : R_{uv}^{bc})$$

Es gilt also die Prozedur-Regel III für jede beliebige Postcondition R.

Beispiel:

Gegeben ist folgende Prozedurdeklaration zur Berechnung einer ganzzahligen Näherung der Quadratwurzel z von einer ganzen Zahl x. Die Wirkung ist durch Pre- und Postcondition beschrieben. Über die genaue Implementierung des Prozedurrumpfes ist nichts bekannt.

> **procedure** sqrt (**in** x : integer; **out** z : integer);
> {Prec. U: $x \geq 0$}
> {Postc. V: $z^2 \leq x < (z+1)^2$ }

Gesucht ist eine Precondition Q für den Prozeduraufruf sqrt(a, w) zur Postcondition R: $5 * w < a$.

Durch Anwenden der Prozedur-Regel erhält man folgende Precondition:

Q: $(x \geq 0)_a^x$ **and** $(\text{All } v : (z^2 \leq a < (z+1)^2)_v^z : (5*w < a)_a^w)$

Q: $a \geq 0$ **and** $(\text{All } v : v^2 \leq a < (v+1)^2 : 5*v < a)$

Das All-Prädikat ist genau dann für alle v erfüllt, wenn a > 25 gilt, daher kann es zu a > 25 vereinfacht werden, und wir erhalten als Precondition

Q: $a > 25$

10.5 Spezifikation des Prozedurrumpfes mit externen Variablen

Bei praktischen Anwendungen kommen häufig in der Spezifikation von S sogenannte externen Variable vor. Das sind Variablen, die im Zustandsraum von S nicht vorkommen und ihren Wert in S daher auch nicht ändern können. Zum Beispiel kann der Rumpf der Prozedur

procedure quadriere(**inout** y: integer);

die Precondition   U : $y = Y$

und die Postcondition   V : $y = Y^2$

haben. Y ist dabei eine externe Variable. Eine Spezifikation mit Hilfe von externen Variablen gilt für alle beliebigen Werte dieser externen Variablen Y:

$(\text{All } Y : : \{U(Y)\} \; S \; \{V(Y)\})$

Gleichgültig, welche Werte die externen Variablen Y annehmen, es muß die Spezifikation erfüllt sein.

Die Prozedur-Regel liefert für jeden Wert von Y eine Precondition Q(Y), sodaß
$(\text{All } Y : : \{Q(Y)\} \; p(a, b, c) \; \{R\})$

gilt. Diese Bedingung ist aber logisch gleichwertig mit

$\{(\text{Ex } Y : : Q(Y))\} \; p(a, b, c) \; \{R\}.$

Die Precondition Q, die die Prozedur-Regel III liefert, muß bei Verwendung von externen Variablen also nur mit einem zusätzlichen Existenz-Quantor versehen werden.

Prozedur-Regel III mit externen Variablen Y

$$\frac{\{U\} \ S \ \{V\}}{\{Q: (Ex \ Y :: U_{ab}^{xy} \ \textbf{and} \ (All \ u, v : V_{auv}^{xyz} : R_{uv}^{bc}))\} \ p(a, b, c) \ \{R\}}$$

Beispiel: Für den Prozeduraufruf quadriere(b) der oben spezifizierten Prozedur quadriere soll eine Precondition zur Postcondition R: $b \leq 5$ ermittelt werden. Durch Einsetzen in die Prozedur-Regel und Hinzufügen des Existenzquantors erhält man als Precondition

$$Q: (Ex \ Y :: (y = Y)_b^y \ \textbf{and} \ (All \ u : (y = Y2)_u^y : (b \leq 5)_u^b))$$

und vereinfacht:

$$Q: (Ex \ Y :: (b = Y) \ \textbf{and} \ (All \ u : u = Y2 : u \leq 5))$$

Wenn Y den Wert von b besitzt, dann ist das All-Prädikat für $b^2 \leq 5$ erfüllt. Diese Precondition ist daher gleichwertig mit $b^2 \leq 5$. Für ganzzahliges b kann der Ausdruck auf

$$Q: -2 \leq b \leq 2$$

weiter vereinfacht werden.

10.6 Verwendung von Variablen-Parametern

Bei Verwendung von Durchgangsparametern (**inout**) werden beim Aufruf die Werte der aktuellen Parameter b auf den lokalen Hilfsvariablen y zwischengespeichert und am Ende der Prozedur wird der Wert von y wieder auf b zurückgespeichert. Ist der aktuelle Parameter ein Feld mit vielen Elementen, kann das Umspeichern sehr aufwendig sein. Ein Variablen-Parameter (**var**) vermeidet das aufwendige Umspeichern, indem nicht der Wert des Parameters, sondern nur ein Verweis (Zeiger) auf den Speicherplatz des aktuellen Parameters gespeichert wird (Call-by-reference). Bei jeder Veränderung der Werte der formalen Parameter werden über den Verweis auch die aktuellen Parameterwerte verändert.

Wir betrachten nun Deklarationen der Form

      procedure p(**in** x; **inout** y; **out** z; **var** r);
        $\{U\} \ S \ \{V\}$

und Aufruf p(a, b, c, d).

Der aktuelle Parameter d muß eine Variable des aufrufenden Programms sein.

Die Variablen-Parameter haben im wesentlichen die gleiche Wirkung wie die Durchgangsparameter. Es muß allerdings sichergestellt werden, daß alle aktuellen Variablen-Parameter verschiedene Speicherplätze belegen. Zum Beispiel haben die zwei aktuellen Parameter a_i und a_j des Prozeduraufrufs $p(a_i, a_j)$ verschiedene Speicherplätze, wenn $i \neq j$ gilt. Sind beide Parameter Variablen-Parameter mit gleichem Speicherplatz, dann würde bei Veränderung des einen Parameters auch der andere Parameter verändert werden. Um diese verwirrende Möglichkeit auszuschließen, verbieten wir die Verwendung zweier aktueller Parameter, die den gleichen Speicherplatz besitzen. Ebenso sollen die Speicherplätze der Variablen-Parameter von denen der Durchgangs- und Ergebnisparameter verschieden sein.

Mit diesen Einschränkungen werden die Variablen-Parameter in der gleichen Weise wie die Durchgangsparameter behandelt. Wird r als formaler Variablen-Parameter und d als sein aktueller Parameter bezeichnet, kann die Prozedur-Regel folgendermaßen erweitert werden:

Prozedur-Regel mit Variablen-Parameter

$$\frac{\{U\}\ S\ \{V\}}{\{Q: U_{abd}^{xyr}\ \text{and}\ (\text{All}\ u, v, w: V_{auvw}^{xyzr}: R_{uvw}^{bcd})\}\ p(a, b, c, d)\ \{R\}}$$

Zusätzlich kommt hier die Nebenbedingung hinzu, daß alle aktuellen Variablen-Parameter verschiedene Speicherplätze belegen und die Speicherplätze der Variablen-Parameter auch von allen Durchgangs- und Ergebnis-Parametern verschieden sind.

Kommen in der Spezifikation des Prozedur-Rumpfes externe Variablen vor, dann muß, wie bei der Prozedur-Regel III, die Precondition mit einem Existenz-Quantor über alle externen Variablen versehen werden.

10.7 Eine verallgemeinerte Konsequenz-Regel

Die Konsequenz-Regel, die wir im Kapitel 6 (Verifikationsregeln) angegeben haben, besagt, daß ein Programmstück $\{U\}\ S\ \{V\}$ auch die Spezifikation $\{Q\}\ S\ \{R\}$ erfüllt, wenn die beiden Implikationen $Q \Rightarrow U$ und $V \Rightarrow R$ erfüllt sind. Ist das Programm $\{U\}\ S\ \{V\}$ mit Hilfe von externen Variablen spezifiziert, die in Q und R nicht vorkommen, sind meist beide Implikationen $Q \Rightarrow U$ und $V \Rightarrow R$ nicht erfüllt. Aufgrund unserer Erfahrung mit den Prozedur-Regeln können wir eine verall-

10. Unterprogramme

gemeinerte Konsequenz-Regel angeben, die auch für Spezifikationen mit externen Variablen gilt.

Zunächst wollen wir zu einem Programm {U} S {V}, von dem nur die Spezifikation, aber keine Details des Programms bekannt sind, zur gegebenen Postcondition R eine Precondition Q ermitteln. Wie bei den Prozeduren ersetzen wir S durch eine Zuweisung, bei der alle Variablen y, die in S verändert werden, ihren endgültigen Wert u erhalten.

$$\{Q\} \ \{U\} \ y := u \ \{V\} \ \{R\}$$

U ist ein geeigneter Bestandteil für die gesuchte Precondition Q, denn damit ist auch V nach y := u erfüllt. Es muß nur mehr garantiert werden, daß nach y := u die Bedingung $V \Rightarrow R$ erfüllt ist. Vor der Zuweisung y := u hat diese Implikation die Form $(V \Rightarrow R)^y_u$. Da man nicht weiß, welchen Wert u annimmt, verlangen wir, daß in der Precondition $(V \Rightarrow R)^y_u$ für alle Werte von u erfüllt sein soll.

$$Q: \ U \ \textbf{and} \ (\textbf{All} \ u : : (V \Rightarrow R)^y_u)$$

oder vereinfacht

$$Q: \ U \ \textbf{and} \ (\textbf{All} \ u : V^y_u : R^y_u)$$

Eine Spezifikation mit Hilfe von externen Variablen Y muß für alle Werte von Y erfüllt sein: $(\textbf{All} \ Y : : \{U(Y)\} \ S \ \{V(Y)\})$

Es gilt also $\quad (\textbf{All} \ Y : : \{U \ \textbf{and} \ (\textbf{All} \ u : V^y_u : R^y_u)\} \ S \ \{R\})$

Dieser Ausdruck kann wiederum zu

$$\{(\textbf{Ex} \ Y : : U \ \textbf{and} \ (\textbf{All} \ u : V^y_u : R^y_u)\} \ S \ \{R\}$$

vereinfacht werden. Wir erhalten für jede beliebige Zusicherung R die

Konsequenz-Regel II

$$\frac{\{U\} \ S \ \{V\}}{\{Q: (\textbf{Ex} \ Y : : U \ \textbf{and} \ (\textbf{All} \ u : V^y_u : R^y_u))\} \ S \ \{R\}}$$

Beispiel: S ist spezifiziert mit

$$\{U: a = A \text{ and } b = B\} \ S \ \{V: b = A \text{ and } a = B\}$$

Gesucht ist eine Precondition Q zur Postcondition R: $a \leq b$.

Die Konsequenz-Regel II liefert folgende Precondition

Q: (Ex A, B : : a = A and b = B and
$$(\text{All } u, v : (b = A \text{ and } a = B)_{uv}^{ab} : (a \leq b)_{uv}^{ab}))$$

Q: (Ex A, B : : a = A and b = B and (All u, v : v = A and u = B : $u \leq v$))

Das All-Prädikat ist genau dann erfüllt, wenn $B \leq A$ gilt, daher wird Q zu

Q: (Ex A, B : : a = A and b = B and $B \leq A$)

Dieses Existenz-Prädikat ist genau dann erfüllt, wenn $b \leq a$ gilt, sodaß Q schließlich zu

Q: $b \leq a$

vereinfacht wird.

Aufgaben zu 10:

1. Berechnen Sie wp(sqrt(2*b, w), $w \geq 5$) zu der gegebenen Prozedur-Deklaration

    procedure sqrt(**in** x; **out** z);
        z := 1;
        while not $(z + 1)^2 > x$ **do** z := z + 1

2. Gegeben ist eine Prozedur tausche mit den beiden Durchgangsparametern x und y

    procedure tausche(**inout** x, y);
        {Prec. U: x = X and y = Y}
        {Postc. V: y = X and x = Y}

Berechnen Sie mit Hilfe der Prozedur-Regel III für den Aufruf tausche(g, h) eine Precondition zur Postcondition R : $g \geq h$.

3. Gegeben ist die Prozedur

> **procedure** sqrt(**inout** y: integer);
> {Prec. U: $Y^2 \leq y < (Y+1)^2$}
> {Postc. V: $y = Y$}

Bestimmen Sie für den Aufruf sqrt(b) eine Precondition Q zur Postcondition R: b = 4.

4. Zeigen Sie, daß (**All** Y : : {Q(Y)} p(a, b, c) {R})
logisch äquivalent mit {(**Ex** Y : : Q(Y))} p(a, b, c) {R} ist.

11. Invertieren von Programmen

Ursprünglich war es nur eine interessante Aufgabe, Programme zu finden, die die Wirkung gegebener Programme wieder rückgängig machen. Heute ist das systematische Invertieren von Programmen ein Werkzeug der Programmentwicklung geworden.

Wird nach einem Programm S sein inverses Programm S^{-1} ausgeführt, dann dürfen keine Variablenwerte verändert sein. Die sequentielle Ausführung beider Programme hat die gleiche Wirkung wie eine Leeranweisung.

$$S \, ; \, S^{-1} \quad = \quad \text{Leeranweisung}$$

Beispiel: Um die Wirkung der Zuweisung

$$x := x + 1$$

wieder rückgängig zu machen, muß x um 1 verringert werden.

Es gilt also: $(x := x + 1)^{-1} \quad = \quad x := x - 1$

weil die zusammengesetzte Anweisung

$$x := x + 1; \, x := x - 1$$

keine Veränderungen von Variablenwerten bewirkt.

Ebenso gilt auch: $(x := x - 1)^{-1} \quad = \quad x := x + 1$

Nicht jede Anweisung kann invertiert werden:

Um die Wirkung der Anweisung $x := 5$ rückgängig zu machen, muß man zusätzlich wissen, welchen Wert x vor der Zuweisung gehabt hat. Auch $x := x * x$ kann nur rückgängig gemacht werden, wenn man weiß, ob x vorher positiv oder negativ war. Dann kann man zum Beispiel sagen: Das Inverse von $\{x = 2\} \, x := 5$ ist $x := 2 \, \{x = 2\}$ und das Inverse von $\{x \geq 0\} \, x := x * x$ ist ein Programm, das aus einer Quadratzahl die positive Quadratwurzel berechnet.

11. Invertieren von Programmen

Es können also nur solche Programme, die keine Information vernichten, invertiert werden. Die Anweisung x := 5 vernichtet jedoch die Information, welchen Wert x vor der Zuweisung gehabt hat, und kann daher nicht invertiert werden. Die invertierbaren Programme entsprechen den reversiblen Prozessen, die nicht invertierbaren Programme den irreversiblen Prozessen.

11.1 Beispiele für inverse Anweisungen

S	S^{-1}
x := −x	x := −x
x := x + y	x := x − y
x := y − x	x := y − x
x, y := y, x	x, y := y, x
$\{y \neq 0\}$ x := x * y $\{y \neq 0\}$	$\{y \neq 0\}$ x := x **div** y $\{y \neq 0\}$

Einige der oben angegebenen Anweisungen sind zu sich selbst invers. Bei allen Paaren von Anweisungen mit Ausnahme des letzten ist die Anweisung S auch invers zu S^{-1}.

Die inverse Anweisung von x := x **div** y ist nicht immer x := x * y. Um x := x **div** y invertieren zu können, muß zusätzlich bekannt sein, welchen Wert x **mod** y vorher hatte.

$$(\{x \bmod y = r\}\ x := x\ \mathbf{div}\ y)^{-1} = x := x * y + r\ \{x \bmod y = r\}$$

$$(r := x \bmod y\ ;\ x := x\ \mathbf{div}\ y)^{-1} = x := x * y + r$$

Beispiel: Fibonacci-Zahlen

Die Variablen x und y enthalten 2 aufeinanderfolgende Fibonacci-Zahlen[1]. Die folgende Anweisung berechnet das nächstgrößere Paar aufeinanderfolgender Fibonaccizahlen:

---

[1] Die Zahlen der Folge 1, 1, 2, 3, 5, 8, 13, 21, 34, ... werden als Fibonacci-Zahlen bezeichnet. Ihr Bildungsgesetz lautet:

$$F_0 = 1,\ F_1 = 1$$
$$F_n = F_{n-2} + F_{n-1}$$

$\{x = F_i, y = F_{i+1}\} \quad x, y := y, y + x \quad \{x = F_{i+1}, y = F_{i+2}\}$

Das inverse Programm berechnet das nächstkleinere Paar aufeinanderfolgender Fibonacci-Zahlen:

$\{x = F_{i+1}, y = F_{i+2}\} \quad x, y := y - x, x \quad \{x = F_i, y = F_{i+1}\}$

11.2 Invertieren der zusammengesetzten Anweisung $S_1; S_2$

Die Wirkung von $S_1; S_2$ kann wieder rückgängig gemacht werden, wenn in umgekehrter Richtung zuerst S_2 und dann S_1 invertiert wird:

$$(S_1; S_2)^{-1} \quad = \quad S_2^{-1}; S_1^{-1}$$

Besteht also ein Programm aus mehreren Anweisungen, so ist es vorteilhaft, sich vorzustellen, daß das inverse Programm das ursprüngliche Programm in umgekehrter Reihenfolge ausführt.

Beispiel:

$$(x := x + 1; y := y - x)^{-1} \quad = \quad (y := y - x)^{-1}; (x := x + 1)^{-1}$$

$$= \quad y := y + x; x := x - 1$$

11.3 Invertieren der alternativen Anweisung

Um die alternative Anweisung

IF:

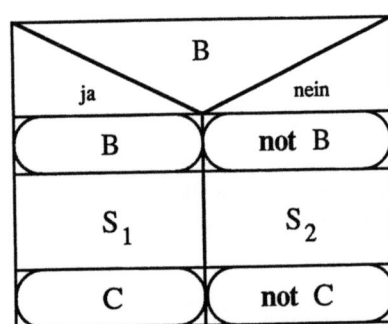

invertieren zu können, muß bekannt sein, unter welcher Bedingung die Anweisung S_1 und unter welcher Bedingung die Anweisung S_2 zu invertieren ist. Zu diesen Zweck sind die Zusicherungen C und **not** C anzugeben, die nach jeder Alternative gelten müssen. Das inverse Programm der alternativen Anweisung hat dann folgende Gestalt:

IF^{-1}:

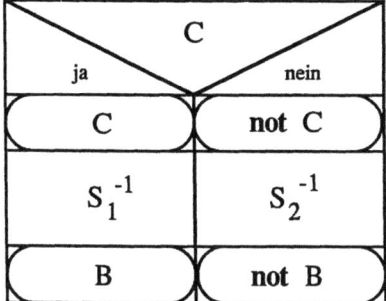

Immer dann, wenn ein Paar von Zusicherungen C und **not** C angeführt werden kann, ist die Inversion der alternativen Anweisung möglich.

Beispiel:

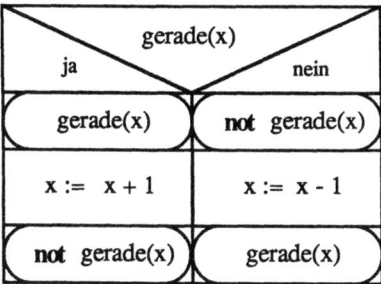

Dieses Programmstück ist zu sich selbst invers! Aus einem geraden x wird ein ungerades x und umgekehrt.

11.4 Invertieren von Schleifen

Der Schleifenrumpf S der while-Schleife wird, solange die Abbruchbedingung B nicht erfüllt ist, ausgeführt. Nach der Schleife ist dann B erfüllt.

11. Invertieren von Programmen

while:

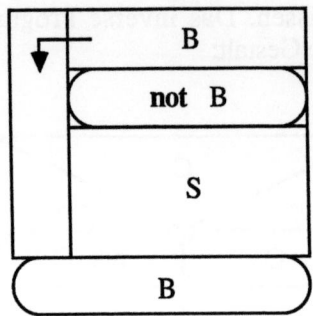

Eine Schleife kann systematisch invertiert werden, indem in der inversen Schleife der inverse Schleifenrumpf S^{-1} genau dann ausgeführt wird, wenn in der nicht invertierten Schleife der Schleifenrumpf S ausgeführt wird. Gesucht ist also eine Bedingung C, die genau dann erfüllt ist, wenn der Schleifenrumpf invertiert ausgeführt werden soll, und nicht erfüllt ist, wenn der Schleifenrumpf nicht mehr invertiert ausgeführt werden soll.

In Analogie zu den Zusicherungen **not** B und B in der oben angeführten Schleife gibt man eine Abbruchbedingung C der inversen Schleife an, die vor der Schleife erfüllt und nach dem Schleifenrumpf nicht erfüllt ist. Gelingt es, eine solche Zusicherung C zu finden, dann wird S^{-1} in der inversen Schleife genau dann ausgeführt, wenn S ausgeführt wird.

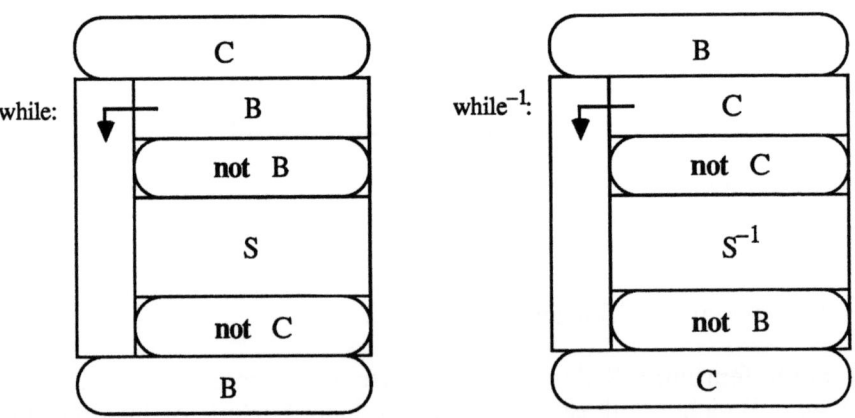

while^{-1} hat stets die gleiche Invariante wie while und terminiert, wenn while terminiert.

Beispiel: Aufgabe ist es, die Reihenfolge der Elemente eines Feldes $a_1, ..., a_{N-1}$ umzukehren.

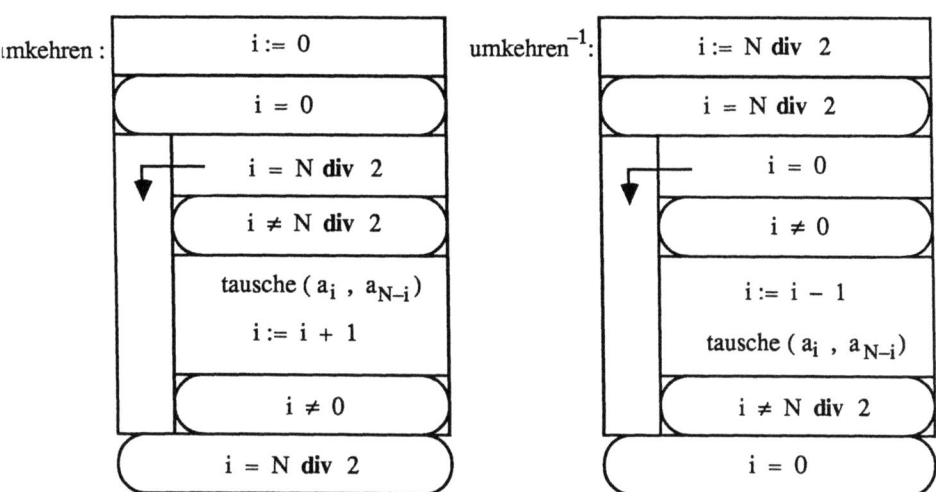

"umkehren" ist auch zu sich selbst invers. Durch systematisches Invertieren wird aber zusätzlich auch die Reihenfolge der Vertauschungen umgedreht.

Beispiel: Zahlenumwandlung "dezimal → binär" und "binär → dezimal"

Eine nichtnegative integer-Zahl d soll in die Binärziffern $b_0, ..., b_n$ umgewandelt werden.

Die Spezifikationen für die beiden Umwandlungen lauten:

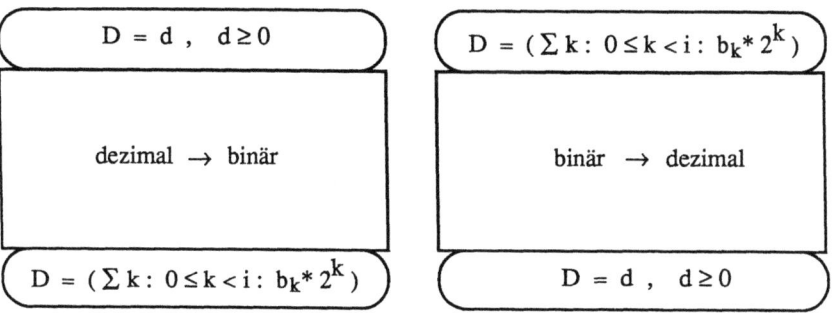

Die Symmetrie der Spezifikation spiegelt die Symmetrie der Aufgabenstellung wider.

Beide Programme haben die Invariante

$$\text{Inv P:} \quad D = d * 2^i + (\Sigma k : 0 \leq k < i : b_k * 2^k)$$

dezimal → binär: binär → dezimal:

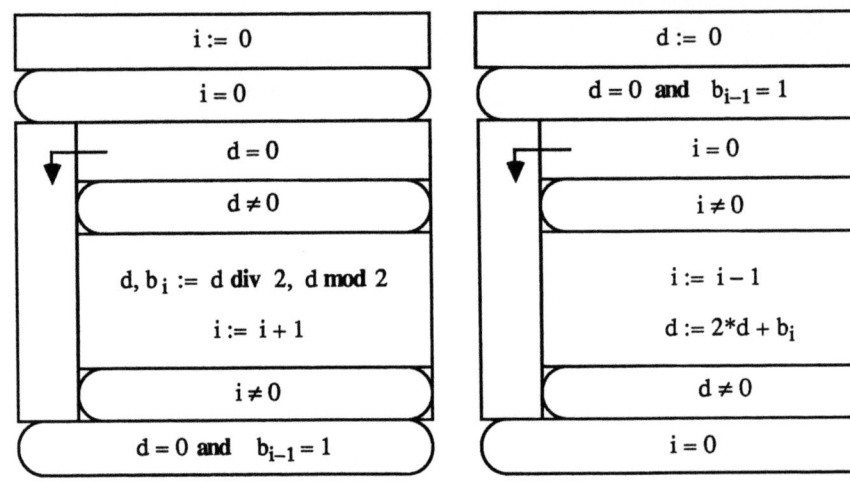

Durch Invertieren kann aus einem korrekten Programm das inverse Programm vollkommen automatisch erstellt werden. Es ist ebenfalls korrekt und löst die inverse Aufgabenstellung.

11.5 Eine Analogie zum täglichen Leben

Auch im täglichen Leben gibt es reversible Tätigkeiten, deren Veränderungen durch eine inverse Tätigkeit wieder rückgängig gemacht werden können:

Buch ausborgen	- Buch zurückgeben
schreiben	- ausradieren
stricken	- auftrennen
Geld verlieren	- Geld wieder finden
Licht einschalten	- Licht ausschalten
Türe öffnen	- Türe schließen

Bei all diesen Tätigkeiten ist die zweite Tätigkeit invers zur ersten. Nur bei den beiden letzten Tätigkeitspaaren ist auch die erste Tätigkeit invers zur zweiten.

Die meisten Tätigkeiten des täglichen Lebens sind allerdings nicht invertierbar, wie zum Beispiel kochen, essen, heizen usw.

12. Parallele Programme

In einem Computersystem mit mehreren Prozessoren und einem gemeinsamen Speicher können Programme wesentlich rascher als auf Computern mit nur einem Prozessor ausgeführt werden. Wir interessieren uns hier insbesondere dafür, wie parallele Programme entwickelt und verifiziert werden können.

Mit der Schreibweise

$$(S_1 \parallel S_2)$$

bezeichnen wir zwei Programme S_1 und S_2, die parallel ausgeführt werden. Das parallele Programm $(S_1 \parallel S_2)$ terminiert, wenn sowohl S_1 als auch S_2 terminiert. S_1 und S_2 dürfen gemeinsame Variablen verwenden.

Beispiel: $\qquad$ (d := x **div** y $\parallel$ r := x **mod** y)

Es ist allerdings nicht erlaubt, daß ein Programm den Wert einer Variablen verändert und ein anderes paralleles Programm diese Variable verwendet (liest oder verändert):

$$\text{verändert}(S_i) \cap \text{verwendet}(S_j) = \emptyset \qquad \text{für } i \neq j$$

Mit verändert(S) bezeichnen wir die Menge aller Variablen, die in S einen neuen Wert erhalten (alle auf der linken Seite einer Zuweisung vorkommenden Variablen), und mit verwendet(S) bezeichnen wir die Menge aller Variablen, die in S vorkommen (verändert oder nur gelesen) werden. Die Variablen aus verwendet(S) − verändert(S) werden nur gelesen.

Das parallele Vertauschen (x := y $\parallel$ y := x) ist also nicht erlaubt. Das Vertauschen kann besser mit der Mehrfachzuweisung x, y := y, x formuliert werden. Ebenso ist (x := x $\parallel$ y := x) nicht erlaubt, da x in einem Programm auf der linken Seite einer Zuweisung vorkommt und im anderen Programm verwendet wird, auch wenn der tatsächliche Wert von x unverändert bleibt. Auch (x := 2 $\parallel$ x := 2) ist nicht erlaubt. Da die verwendeten Variablen einer Anweisung mit den veränderten Variablen einer anderen parallelen Anweisung disjunkt sein müssen, spricht man in diesem Zusammenhang auch von *disjunkter Parallelität*.

12. Parallele Programme

Wenn N Programme $S_0, S_1, ..., S_{N-1}$ parallel ausgeführt werden, verwenden wir die Schreibweise

$$(\| i: 0 \leq i < N: S_i)$$

Auch hier gilt die Bedingung:

$$\text{verändert}(S_i) \cap \text{verwendet}(S_j) = \emptyset \qquad \text{für } i \neq j$$

Der Aufwand von $(\| i: 0 \leq i < N: S_i)$ ist das Maximum der Aufwände der einzelnen S_i.

Beispiel: Der Summenvektor zweier Vektoren $A(i: 0 \leq i < N)$ und $B(i: 0 \leq i < N)$ kann mit dem parallelen Programm

$$(\| i: 0 \leq i < N: c_i := A_i + B_i)$$

in einem einzigen Schritt berechnet werden. Das parallele Programm hat den Zeitaufwand $O(1)$ statt $O(N)$ wie entsprechende sequentielle Programme. Allerdings werden statt eines Prozessors deren N benötigt.

12.1 Zusammensetzen von parallelen Programmen

N Programme S_i mit den Zusicherungen $\{Q_i\}\ S_i\ \{R_i\}$ sollen zu einer parallelen Anweisung $(\| i: 0 \leq i < N: S_i)$ zusammengesetzt werden. Welche Aussage kann man über Pre- und Postcondition der parallelen Anweisung machen? Zu erwarten sind folgende Pre- und Postconditions:

$$\{(\text{All } i: 0 \leq i < N: Q_i)\} \quad (\| i: 0 \leq i < N: S_i) \quad \{(\text{All } i: 0 \leq i < N: R_i)\}$$

Im einfachen Beispiel der Vektoraddition werden die Anweisungen

$$\{\textbf{true}\} \quad c_i := A_i + B_i \quad \{c_i = A_i + B_i\}$$

zur parallelen Anweisung

$$\{\textbf{true}\} \quad (\| i: 0 \leq i < N: c_i := A_i + B_i) \quad \{(\text{All } i: 0 \leq i < N: c_i = A_i + B_i)\}$$

zusammengesetzt.

Pre- und Postcondition können aber nicht ohne zusätzliche Voraussetzung zu All-Prädikaten zusammengesetzt werden. Betrachten wir folgende zwei Anweisungen mit ihren Pre- und Postconditions:

$$\{y = 4\} \quad x := 1 \quad \{y = 4\}$$

$$\{x = 0\} \quad y := 3 \quad \{x = 0\}$$

Die parallele Anweisung hätte die Gestalt

$$\{y = 4 \text{ and } x = 0\} \quad (x := 1 \parallel y := 3) \quad \{y = 4 \text{ and } x = 0\}$$

Pre- und Postcondition sind aber offensichtlich falsch.

Um Fehler dieser Art zu vermeiden, darf die Regel nur dann angewendet werden, wenn die Variablen, die in der Pre- oder der Postcondition einer Anweisung vorkommen, in keiner anderen Anweisung verändert werden. Diese Einschränkung für die Zusicherungen schränkt die Anwendbarkeit der Regel nicht wesentlich ein, da die disjunkte Parallelität bereits das Verwenden von Variablen, die in einem anderen Programm verändert werden, verbietet. Wenn man in Pre- und Postcondition eines jeden Programms S_i jene Variablen vermeidet, die in S_i gar nicht verwendet werden, ergibt sich bei disjunkten Programmen keine zusätzliche Einschränkung.

Regel für das Zusammensetzen von parallelen Programmen:

$$\frac{\{Q_i\} \ S_i \ \{R_i\} \ _{0 \leq i < N}}{\{(\text{All } i : 0 \leq i < N : Q_i)\} \ (\parallel i : 0 \leq i < N : S_i) \ \{(\text{All } i : 0 \leq i < N : R_i)\}}$$

falls $(\text{verwendet}(Q_i) \cup \text{verwendet}(R_i)) \cap \text{verändert}(S_j) = \emptyset \quad$ für $i \neq j$

12.2 Beispiele für parallele Programme

12.2.1 Summe der Elemente eines Feldes a(i : 0 ≤ i < N)

In einem einzigen Schritt kann die Summe nicht ermittelt werden. In dem falschen Programm

$$(\parallel i : 0 \leq i < N : s := s + a_i)$$

wird die Voraussetzung für die disjunkte Parallelität verletzt, da die Variable s in allen parallelen Programmen verändert wird.

Für die Spezifikation wählen wir:

    Prec. Q: $a = A$

    Postc. R: $a_0 = (\Sigma\, i : 0 \le i < N : A_i)$

Das erste Element a_0 enthält nach Ausführung des Programms die Summe aller Feldelemente. Um eine Invariante P zu erhalten, wird die Postcondition so verallgemeinert, daß für jedes Segment $A(i : kd \le i < (k+1)d)$ der Länge d deren erstes Element a_{kd} die Summe aller Elemente des Segmentes enthält.

Um die Invariante einfach zu halten, gehen wir davon aus, daß die Indizes des Feldes A bis ins Unendliche fortgesetzt sind. Alle Elemente von $A(i : i \ge N)$ sollen dabei den Wert 0 besitzen. Der Bereich für k kann dadurch einfach mit $0 \le k$ angegeben werden.

    Inv. P: $1 \le d$ **and** (**All** $k : 0 \le k : a_{kd} = (\Sigma\, i : kd \le i < (k+1)d : A_i))$

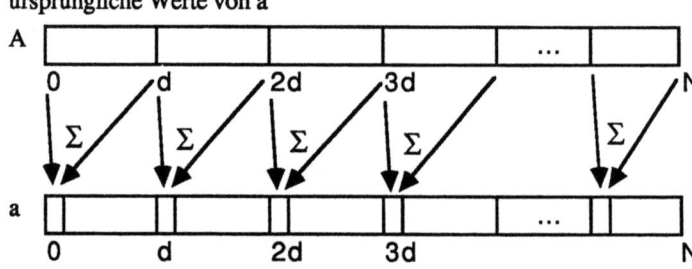

Für $d = 1$ ist die Invariante P mit der Precondition Q identisch. Aus P **and** $d \ge N$ folgt die Postcondition R. Die Länge d der einzelnen Segmente muß also erhöht werden, bis sie zumindest den Wert von N erreicht.

    Term. t: $N - d$

Da durch Aneinanderketten von r Segmenten der Länge d ein Segment der Länge rd entsteht, ist es naheliegend, in jedem Schleifendurchlauf d durch ein Vielfaches von d zu ersetzen.

Zunächst wollen wir je zwei Segmente der Länge d zu Segmenten der Länge 2d aneinanderketten ($r = 2$) und erst danach den allgemeinen Fall $r \ge 2$ untersuchen.

Für r = 2 erhalten wir folgendes Programmskelett:

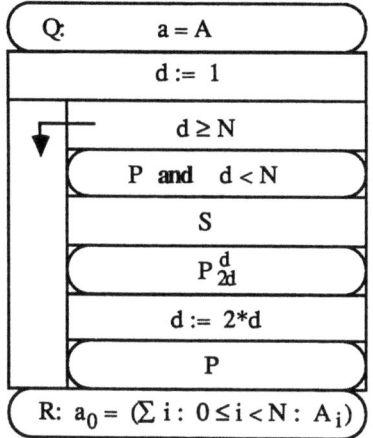

Nun muß nur mehr die fehlende Anweisung $\{P \text{ and } d < N\}$ S $\{P_{2d}^d\}$ bestimmt werden.

P_{2d}^d: $(1 \leq 2d)$ and (All $k : 0 \leq k : a_{2kd} = (\Sigma i : 2kd \leq i < (2k+2)d : A_i))$

Vor S gilt $(1 \leq d)$ in P, daher ist auch $(1 \leq 2d)$ erfüllt.

Aus P folgt:
$$a_{2kd} = (\Sigma i : 2kd \leq i < (2k+1)d : A_i)$$
und $$a_{(2k+1)d} = (\Sigma i : (2k+1)d \leq i < (2k+2)d : A_i)$$

Damit der zweite Teil von P_{2d}^d erfüllt ist, muß daher

$a_{2kd} := a_{2kd} + a_{(2k+1)d}$ für $0 \leq k$ ausgeführt werden.

Wir erhalten für die Anweisung S die parallele Anweisung

S: $(\| k : 0 \leq k : a_{2kd} := a_{2kd} + a_{(2k+1)d})$.

Man beachte, daß alle parallelen Anweisungen disjunkt sind.

Um nur auf existierende Elemente des Feldes a zuzugreifen, kann der Bereich der parallelen Anweisung eingeschränkt werden. Ein Zugriff auf existierende Elemente ist nur für $(2k + 1)d < N$ gewährleistet:

S: $(\| k : 0 \leq k < (N/d - 1)/2 : a_{2kd} := a_{2kd} + a_{(2k+1)d})$

Das Programm für das parallele Summieren lautet:

sum(a):
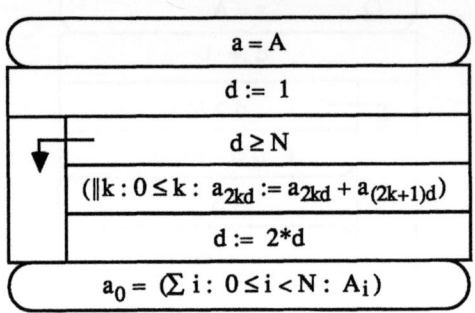

Der Zeitaufwand für das parallele Summieren ist ld N und entspricht der Anzahl der Schleifendurchläufe. Um diesen Aufwand zu erreichen, müssen N **div** 2 Prozessoren eingesetzt werden, von denen aber nur im ersten Schleifendurchlauf alle benötigt werden. In jedem weiteren Durchlauf reduziert sich die Anzahl der benötigten Prozessoren jeweils um die Hälfte.

Als nächstes werden wir den allgemeinen Fall untersuchen, bei dem $r \geq 2$ Segmente zusammengefaßt werden und in jedem Schleifendurchlauf die Segmentlänge d mittels $d := r*d$ erhöht wird.

In diesem Fall muß die Anweisung $\{P \text{ and } d < N\}\ S\ \{P_{rd}^d\}$ bestimmt werden.

P_{rd}^d: $(1 \leq rd)$ **and** (All k: $0 \leq k$: $a_{krd} = (\Sigma\ i:\ krd \leq i < (k+1)rd:\ A_i))$

Vor S gilt in P die Bedingung $(1 \leq d)$, daher ist auch $(1 \leq rd)$ erfüllt.

Aus P folgt:
$$a_{krd} = (\Sigma\ i:\ krd \leq i < (kr+1)d:\ A_i)$$
$$a_{(kr+1)d} = (\Sigma\ i:\ (kr+1)d \leq i < (kr+2)d:\ A_i)$$
$$\ldots$$
$$a_{(kr+r-1)d} = (\Sigma\ i:\ (kr+r-1)d \leq i < (kr+r)d:\ A_i)$$
$$= (\Sigma\ i:\ (kr+r-1)d \leq i < (k+1)rd:\ A_i)$$

oder allgemein

$$a_{(kr+j)d} = (\Sigma\ i:\ (kr+j)d \leq i < (kr+j+1)d:\ A_i) \quad \text{für } 0 \leq j < r$$

12. Parallele Programme

Um den zweiten Teil von P_{rd}^d zu erfüllen, müssen die r Segmentsummen aufsummiert werden:

$$a_{krd} := (\Sigma\, i : kr \leq i < (k+1)r : a_{id})$$

Diese Summe kann sequentiell ausgeführt werden. Sie muß für alle $k \geq 0$ berechnet werden. Das kann wiederum parallel erfolgen und wir erhalten für S:

$$(\| k : 0 \leq k : a_{krd} := (\Sigma\, i : kr \leq i < (k+1)r : a_{id}))$$

Man beachte, daß alle parallelen Anweisungen disjunkt sind.

Das Programm für das parallele Summieren für ein $r \geq 2$ lautet:

sum(a):

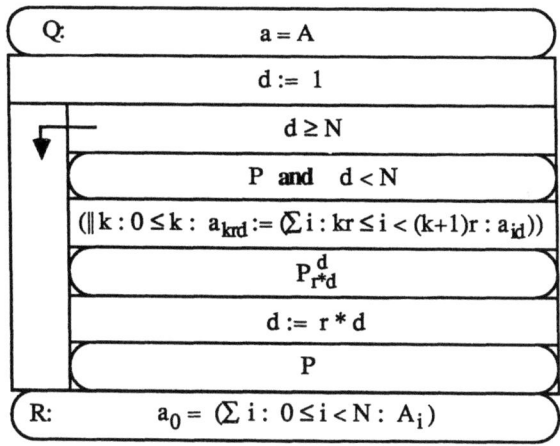

Je nach Wahl von r werden verschiedene Laufzeiten und verschiedene Anzahlen von Prozessoren benötigt.

Aufwand für S:

               r – 1   Additionen
         ((N–1) **div** r) +1   Prozessoren

Anzahl der Schleifendurchläufe: $_r\log N$

Zeitaufwand insgesamt für sum(a): $(r-1)\, _r\log N$

Für r = N erhält man das sequentielle Summieren mit Zeitaufwand N auf nur einem Prozessor.

Für $r = \sqrt{N}$ erhält man den Zeitaufwand von $2\sqrt{N}$ mit $\sqrt{N}$ Prozessoren.

Für r = 2 ist der Zeitaufwand mit ld N minimal und der Aufwand an Prozessoren mit N **div** 2 maximal.

Jede Verbesserung im Zeitaufwand muß durch eine erhöhte Anzahl an Prozessoren erkauft werden. Dieser Sachverhalt kann als goldene Regel der parallelen Programmierung bezeichnet werden.

12.2.2 Skalarprodukt zweier Vektoren B(i : 0 ≤ i < N) und C(i : 0 ≤ i < N)

Das Skalarprodukt zweier N-dimensionaler Vektoren ist die Summe der Produkte aller Komponenten:

$$a = B_0 * C_0 + B_1 * C_1 + \ldots + B_i * C_i + \ldots + B_{N-1} * C_{N-1}$$

$$a = (\Sigma\, i : 0 \leq i < N : B_i * C_i)$$

Wird ein Hilfsfeld h(i : 0 ≤ i < N) mit den Werten $B_i * C_i$ initialisiert, dann kann mit Hilfe des Programms sum(h) das Skalarprodukt berechnet werden.

Skalarprodukt(B, C, a):

```
                    true
  (‖ i : 0 ≤ i < N : h_i := B_i * C_i )
  (All i : 0 ≤ i < N : h_i = B_i * C_i )
                   sum(h)
   h_0 = (Σ i : 0 ≤ i < N : B_i * C_i )
                  a := h_0
    a = (Σ i : 0 ≤ i < N : B_i * C_i )
```

Das parallele Skalarprodukt hat wie die parallele Summe den Zeitaufwand O(log N).

12.2.3 Matrixmultiplikation

Das Produkt einer M*N-Matrix B(i, j : 0 ≤ i < M, 0 ≤ j < N) mit einer N*K-Matrix C(i, j : 0 ≤ i < N, 0 ≤ j < K) ist eine M*K-Matrix, die aus den Skalarprodukten der Zeilenvektoren von B mit den Spaltenvektoren von C besteht.

$$A := B * C$$

$$a_{i,j} = (\Sigma\, k : 0 \leq k < N : B_{i,k} * C_{k,j}) \quad \text{für } 0 \leq i < M, 0 \leq j < K$$

12. Parallele Programme

Die Postcondition der Matrixmultiplikation lautet:

R: **(All** i, j : $0 \leq i < M$ **and** $0 \leq j < K$: $a_{i,j} = (\Sigma k : 0 \leq k < N : B_{i,k} * C_{k,j}))$

Alle Skalarprodukte können parallel ausgeführt werden, da die Elemente von B und C nur gelesen werden:

($\|$ i,j : $0 \leq i < M$ **and** $0 \leq j < K$:
    Skalarprodukt(B(i,k : $0 \leq k < N$), C(k,j : $0 \leq k < N$), $a_{i,j}$))

Der Gesamtaufwand beträgt wie beim Skalarprodukt O(log N), der zusätzliche Speicherbedarf ist hingegen von O(M * N * K), da in den M * K parallelen Skalarprodukten jeweils ein Hilfsfeld mit N Elementen benötigt wird. Es sind für eine parallele Ausführung M * (N **div** 2) * K Prozessoren erforderlich.

Aufgaben zu 12.:

1. Schreiben Sie ein paralleles Programm mit Zeitaufwand O(log N) zur Berechnung des Maximums eines Feldes a(k : $0 \leq k < N$). Das Ergebnis soll wie bei der parallelen Summe im Element a_0 stehen.

2. Schreiben Sie ein paralleles Programm mit Zeitaufwand O(log N), das die Anzahl der Vorkommen des Wertes x im Feld a bestimmt. Verwenden Sie für die Lösung ein Hilfsfeld h der Größe O(N) und das Programm sum(h).

Anhang A: Lösungen der Aufgaben

Zu ausgewählten Aufgaben werden vollständige Lösungen oder auch nur Lösungshinweise angegeben.

Lösungen zu 2.1 - 2.3:

1. Einfügen einer Karte X in einen sortierten Kartenstapel. Zuerst muß die Aufgabenstellung mit Pre- und Postcondition präzisiert werden.

Precondition: Gegeben ist ein nach Namen aufsteigend sortierter Kartenstapel und eine Karte mit Namen X.

Postcondition: Nach dem Verfahren ist der ursprüngliche Stapel in zwei *sortierte* Teile geteilt. Der linke Teilstapel enthält alle Karten, die im Alphabet *vor* der einzufügenden Karte X kommen. Der rechte Teilstapel enthält alle Karten, die im Alphabet *nach* X kommen.

Wenn die Postcondition gilt, muß nur mehr die einzufügende Karte X zwischen linken und rechten Teilstapel gelegt werden.

Während des Verfahrens gilt stets eine invariante Bedingung P, die eine Verallgemeinerung der Postcondition ist.

Invariante P: Wir betrachten stets *drei* sortierte Teilstapel. Alle Karten des linken Teilstapels kommen vor X. Alle Karten des rechten Teilstapels kommen nach X. Der mittlere Stapel enthält die restlichen Karten.

Zu Beginn des Verfahrens liegen alle Karten am mittleren Stapel, linker und rechter Teilstapel sind leer. Die Invariante ist somit vor dem Verfahren erfüllt.

Am Ende des Verfahrens, wenn die Invariante P noch immer gilt und der mittlere Stapel leer ist, dann ist die Postcondition erfüllt.

Um das Ende zu erreichen (Termination), müssen in jedem Schritt des Verfahrens Karten so vom mittleren zu den beiden äußeren Stapeln hinzugefügt werden, daß die Anzahl der Karten am mittleren Stapel kleiner wird und P invariant bleibt.

Bei der Durchführung der einzelnen Verfahrensschritte können die Karten des mittleren Stapels nacheinander betrachtet und je nachdem, ob sie vor oder nach X kommen, auf den linken oder rechten Teilstapel gelegt werden (sequentielle Suche). Das ist nicht sehr effizient. Man sollte vielmehr ausnützen, daß der mittlere Stapel sortiert ist. Es ist effizienter, den mittleren Stapel an einer beliebigen Stelle zu teilen. Ist die Karte am Teilungspunkt kleiner als X, wird der gesamte erste Teil auf den linken Stapel gelegt, ist sie größer als X, wird der gesamte zweite Teil auf den rechten Stapel gelegt (binäre Suche).

Die Formulierung des gesamten Verfahrens in Form eines Struktogramms wird dem Leser überlassen.

2. Aufteilen eines unsortierten Stapels mit Hilfe einer Karte X.

Precondition: Ein unsortierter Kartenstapel und eine Karte mit Namen X sind gegeben.

Postcondition: Aus den ursprünglichen Karten sind zwei (unsortierte) Stapel entstanden. Der linke Stapel enthält alle Karten, die im Alphabet vor X kommen. Der rechte Stapel enthält alle Karten, die nach X kommen.

Invariante P: Während des Verfahrens sind die Karten des ursprünglichen Stapels auf drei Stapel verteilt. Die Karten des linken Stapels kommen im Alphabet vor X, die Karten des rechten Stapels kommen nach X, im mittleren Stapel sind die restlichen Karten.

Am Anfang befinden sich alle Karten im mittleren Stapel, die beiden äußeren Stapel sind leer. Die Invariante P ist erfüllt.

Am Ende ist der mittlere Stapel leer, die Postcondition ist erfüllt.

Um das Ende *zu erreichen*, muß in jedem Schritt des Verfahrens mindestens eine Karte vom mittleren Stapel zu einem der beiden äußeren Stapel hinzugefügt werden.

Bei jedem Schritt des Verfahrens betrachtet man eine (beliebige) Karte des mittleren Stapels. Kommt sie vor X, wird sie auf den linken Stapel, anderenfalls auf den rechten Stapel gelegt.

3. Sortieren durch Aufteilen (Quicksort)

Precondition: Ein unsortierter Kartenstapel liegt vor.

Postcondition: Die Karten des ursprünglichen Stapels sind alphabetisch aufsteigend sortiert.

Invariante P: Es liegen viele unsortierte Kartenstapel nebeneinander. Für jeden Stapel (außer jenem ganz rechts) gilt: alle seine Karten kommen im Alphabet vor allen Karten des rechten Nachbarstapels.

Am Anfang liegt nur ein Stapel vor, die Invariante ist erfüllt.

Am Ende enthält jeder Stapel genau eine Karte, daher liegen alle Karten in alphabetischer Reihenfolge nebeneinander. Die einelementigen Stapel müssen jetzt nur noch übereinandergelegt werden und ergeben dann einen einzigen sortierten Stapel.

Wir *erreichen* das Ende, indem in jedem Schritt des Verfahrens durch Teilen eines beliebigen Stapels mit mehr als einer Karte (Aufgabe 2) die Anzahl der Stapel vergrößert wird.

Beim Teilen eines Stapels, der mindestens zwei Karten enthält, wird eine beliebige Karte X aus dem Stapel entfernt, und der Stapel mit dem Verfahren aus Aufgabe 2 geteilt. Anstelle des ungeteilten Stapels werden drei Stapel nebeneinander auf den Tisch gelegt: links der durch Teilen entstandene linke Teilstapel, in der Mitte die Karte X als einelementiger Stapel und rechts der rechte Teilstapel.

Lösungen zu 2.4:

1. Bei dieser Aufgabe sollte der von der Fliege zurückgelegte Weg nicht mit einer geometrischen Reihe berechnet werden. Es ist besser, die Überlegung anzustellen, daß die Kühe genau eine Stunde gehen, bis sie einander treffen. Genau so lange fliegt die Fliege mit 20 km/h, daher legt sie 20 km zurück.

2. Der Spieler, der beginnt, hat folgende Strategie, die zum Gewinn führt: Er legt die erste Münze genau in die Mitte des kreisrunden Tisches. Gleichgültig an welche Stelle der zweite Spieler seine Münze legt, der erste Spieler imitiert das Spiel des zweiten Spielers, indem er seine Münze stets auf die im Mittelpunkt des Tisches gespiegelte Stelle des Tisches legt. Diese gespiegelte Stelle ist immer frei. Es ist ja nach jedem Zug des ersten Spielers eine punktsymmetrische Verteilung der Münzen am Tisch vorhanden (Invariante!). Wenn der zweite Spieler noch einen freien Platz findet, ist der im Mittelpunkt gespiegelte Platz dann für den ersten Spieler frei. Setzt er auf diesen freien Platz, stellt er die punktsymmetrische Verteilung wieder her. Der erste Spieler findet bei dieser Strategie immer einen freien Platz, daher wird er auch gewinnen. Da es für den ersten Spieler eine Strategie gibt, hat der zweite Spieler demnach nicht immer eine Gewinnstrategie. Die angegebene Strategie funktioniert nicht nur bei

Anhang A: Lösungen der Aufgaben

kreisrunden, sondern auch bei allen anderen punktsymmetrisch geformten Tischen.

Lösungen zu 3.:

1. a) (**Ex** k : k ganz : $x = k * k$)

   b) $-3 \leq x - y \leq 3$
   oder auch: $abs(x - y) \leq 3$

   c) (**All** i : $0 \leq i < N$: $ug \leq a_i \leq og$)

   d) mindestens ein Feldelement ist von 0 verschieden:
   (**Ex** i : $0 \leq i < N$: $a_i \neq 0$)
   genau ein Feldelement ist von 0 verschieden:
   (**Ex** i : $0 \leq i < N$: $a_i \neq 0$ **and** (**All** j : $0 \leq j < N$ **and** $j \neq i$: $a_j = 0$))
   oder einfacher: (**Anz** i : $0 \leq i < N$: $a_i \neq 0$) = 1

   e) (**Ex** i, j : $0 \leq i < M$ **and** $0 \leq j < N$: $a_i = b_j$)

   f) (**All** i : $0 \leq i < N$: (**Ex** j : $j \in \{2, 3, 5\}$: j teilt a_i))

   g) g = (**Anz** x : : $Vork(x, a) > 0$)

2. a) m = (**Max** i : $0 \leq i < N$: a_i)
   und ohne Verwendung des **Max**-Quantors:
   (**Ex** i : $0 \leq i < N$: $m = a_i$) **and** (**All** i : $0 \leq i < N$: $m \geq a_i$)

   b) (**Min** i : B(i) : A(i)) = $-$ (**Max** i : B(i) : $-$ A(i))

   (**Max** i : B(i) : A(i)) = $-$ (**Min** i : B(i) : $-$ A(i))

Lösungen zu 4.:

1. Die Zusicherung $x^y = 16$ ist nur in den Zuständen $(x, y) = (2, 4), (-2, 4), (4, 2), (-4, 2), (16, 1)$ erfüllt.

2. Nur die Anfangszustände $(x, y) = (2, 4), (-2, 4), (4, 2), (-4, 2)$ führen zu einem Endzustand aus $\{(x, y) : x^y = 16\}$. Diese Anfangszustände können mit der Zusicherung $x^y = 16$ **and** gerade(y) charakterisiert werden.

Lösungen zu 5:

1. A, B sind fest.
   Prec. Q: sortiert(A) **and** sortiert(B)
   Postc. R: s = (**Anz** i, j : $0 \le i < M$ **and** $0 \le j < N$: $A_i = B_j$)

2. $A(i : q \le i < r)$ ist genau dann eine steigend sortierte Sequenz, wenn
   up(q, r) : (**All** i, j : $q \le i < j < r$: $A_i \le A_j$) erfüllt ist.

   A ist fest.
   Prec. Q: $N > 0$
   Postc. R: s = (**Max** q, r : $0 \le q < r \le N$ **and** up(q, r) : $r - q$)

3. A ist fest.
   Prec. Q: $N \ge 0$
   Postc. R: s = (**Anz** i, j : $0 \le i < j < N$: $A_i > A_j$)

4. Prec. Q: a = A
   Postc. R: Perm(a, A) **and** (**All** i : $0 \le i < N$: $a_i \ne A_i$)

5. Prec. Q: D = d **and** $d \ge 0$
   Postc. R: D = (Σ k : $0 \le k < N$: $b_k * 2^k$)

Lösungen zu 6.1:

1. Jedesmal, wenn S in einem Zustand z aus Q_1 **or** Q_2 startet, terminiert es, wenn z in Q_1 liegt, in einem Zustand aus R_1, und wenn z in Q_2 liegt, in einem Zustand aus R_2. In jedem Fall terminiert es in einem Zustand aus R_1 **or** R_2.

2. Es gilt für beliebige Zusicherungen B_1 und B_2 sowohl (**Q and** B_1) $\Rightarrow$ Q und R $\Rightarrow$ (R **or** B_2). Daher gilt aufgrund der Konsequenz-Regel die angegebene Regel.

Lösungen zu 7.2.2:

1. Die Spezifikation der ganzzahligen Näherung der Quadratwurzel ist:

   Prec. Q: $A > 0$
   Postc. R: $x \ge 0$ **and** $x^2 \le A < (x + 1)^2$

Durch Weglassen von $x^2 \leq A$ in der Postcondition R erhält man die Invariante

Inv. P: $x \geq 0$ **and** $A < (x + 1)^2$

Die Initialisierung von P ist: $\{Q: A \geq 0\}$ $x := A$ $\{P\}$
Die Abbruchbedingung ist $x^2 \leq A$, denn aus (P **and** $x^2 \leq A$) $\Rightarrow$ R.

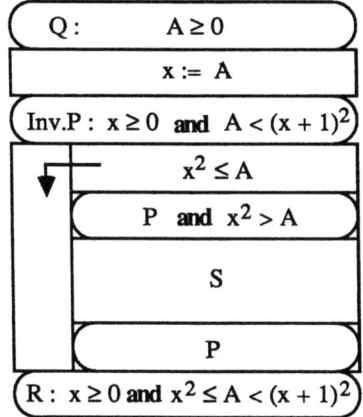

Im Schleifenrumpf S muß x in jedem Schritt kleiner werden. Die Terminationsfunktion ist daher t: x.
Für das vorsichtige Verringern von x mit $x := x - 1$ gilt bereits

$\{P$ **and** $x^2 > A\}$ $x := x - 1$ $\{P\}$

Daher kann $x := x - 1$ als Schleifenrumpf S eingesetzt werden.

2. Auch $x := (x + A$ **div** $x)$ **div** 2 ist ein geeigneter Schleifenrumpf für die Aufgabe 1. Zu zeigen ist, daß:

a) P invariant bleibt, d.h.:

$\{P$ **and** $x^2 > A\}$ $x := (x + A$ **div** $x)$ **div** 2 $\{P\}$ gilt.

b) t: x eine geeignete Terminationsfunktion für diesen Schleifenrumpf ist.

ad a) Selbstverständlich bleibt $x \geq 0$. Etwas schwieriger ist es, zu zeigen, daß nach $x := (x + A$ **div** $x)$ **div** 2 wieder die Bedingung $A < (x + 1)^2$ gilt, d.h.: $A < ((x + A$ **div** $x)$ **div** $2 + 1)^2$ ist unter der Voraussetzung $x^2 > A$ zu zeigen.

ad b) t: x ist eine geeignete Terminationsfunktion, denn wenn $x^2 > A$ gilt, ist A **div** $x < x$ und daher $(x + A$ **div** $x)$ **div** $2 < x$. Die Variable x wird also bei jedem Schleifendurchlauf kleiner und bleibt stets ≥ 0 (siehe Invariante P).

3. Durch Weglassen von $A_k = B_k$ in der
    Postc. R: $0 \leq k < N$ **and** $A_k = B_k$ **and** (**All** $i: 0 \leq i < k: A_k \neq B_k$)
erhalten wir die Invariante

   Inv. P: $0 \leq k < N$ **and** (**All** $i: 0 \leq i < k: A_k \neq B_k$)
   Initialisierung: $\{Q: (\text{Ex } k: 0 \leq k: A_k = B_k)\}$ $k := 0$ $\{P\}$
   Abbruchbedingung: $A_k = B_k$

k muß erhöht werden, daher ist die Terminationsfunktion t: $N - k$. Für das vorsichtige Erhöhen von k mit $k := k + 1$ gilt bereits

   $\{P$ **and** $A_k \neq B_k\}$ $k := k + 1$ $\{P\}$

Daher kann $k := k + 1$ als Schleifenrumpf eingesetzt werden.

4. Prec.Q: (**Ex** $i: 0 \leq i < N: A_i = x$)
   Postc.R: $0 \leq k < N$ **and** $A_k = x$ **and** (**All** $i: 0 \leq i < k: A_k \neq x$)
   Weglassen von $A_k = x$ liefert die Invariante P.
   Invariante P: $0 \leq k < N$ **and** (**All** $i: 0 \leq i < k: A_k \neq x$)
   Abbruchbedingung: $A_k = x$
   Initialisierung: $\{Q\}$ $k := 0$ $\{P\}$
   Terminationsfunktion t: $N - k$, da k erhöht werden muß.
   Es gilt $\{P$ **and** $A_k \neq x\}$ $k := k + 1$ $\{P\}$, daher ist $k := k + 1$ ein geeigneter Schleifenrumpf S.

Lösungen zu 7.2.3.:

1. Durch Ersetzen der Konstanten N durch die Variable n mit dem Bereich $0 \leq n \leq N$ erhält man die Invariante P:

   Inv. P: $s = \sum_{i=0}^{n-1} A_i * B_i$ **and** $0 \leq n \leq N$

Für n = 0 muß s den Wert 0 annehmen, wenn P erfüllt sein soll.

   Initialisierung: $\{Q\}$ s, n := 0, 0 $\{P\}$

Abbruchbedingung ist n = N, denn es gilt: P **and** $n = N \Rightarrow R$.

Die Terminationsfunktion t ist $N - n$. n wird im Schleifenrumpf erhöht, bis es den Wert $n = N$ erreicht hat.
Ist $n = N$ noch nicht erreicht und wird n um 1 erhöht, muß s um $A_i * B_i$ erhöht werden, damit P wieder erfüllt ist.

Für den Schleifenrumpf erhalten wir:

$\{P \text{ and } n \neq N\} \quad s, n := s + A_n * B_n, n + 1 \quad \{P\}$

und das Programm:

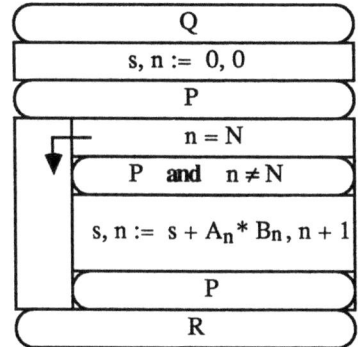

2. $A(i : q \leq i < r)$ ist genau dann eine steigend sortierte Sequenz, wenn
$up(q, r) : (\textbf{All } i, j : q \leq i < j < r : A_i \leq A_j)$ erfüllt ist.

Die Spezifikation lautet:
A ist fest.
Prec. Q: $N > 0$
Postc. R: $s = (\textbf{Max } q, r : 0 \leq q < r \leq N \textbf{ and } up(q, r) : r - q)$

Durch Ersetzen der Konstante N durch die Variable n mit Bereich $0 < n \leq N$ erhalten wir die Invariante:

Inv. P: $s = (\textbf{Max } q, r : 0 \leq q < r \leq n \textbf{ and } up(q, r) : r - q) \textbf{ and } 0 < n \leq N$

Initialisierung: $\{Q\} \ s, n := 1, 1 \ \{P\}$
Abbruchbedingung: $n = N$
Terminationsfunktion t: $N - n$

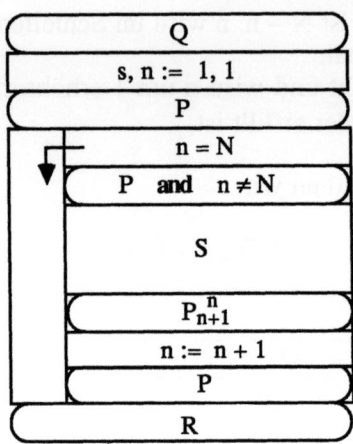

Der noch fehlende Schleifenrumpf S hat die Aufgabe, die Bedingung P_{n+1}^{n} herzustellen:

$$\{P \text{ and } n \neq N\} \ S \ \{P_{n+1}^{n}\}$$

Wir betrachten daher P_{n+1}^{n} näher:

P_{n+1}^{n}: $s = (\mathbf{Max}\ q, r:\ 0 \leq q < r \leq n+1 \text{ and } up(q, r):\ r - q) \text{ and } 0 < n+1 \leq N$

Der zweite Teil von P_{n+1}^{n} gilt bereits, wenn P erfüllt ist. Der erste Teil wird so umgeformt, daß ein Teil davon so wie der erste Teil von P aussieht:

$$s = (\mathbf{Max}\ q, r:\ 0 \leq q < r \leq n+1 \text{ and } up(q, r):\ r - q)$$
$$\Leftrightarrow \quad s = (\mathbf{Max}\ q, r:\ 0 \leq q < r \leq n \text{ and } up(q, r):\ r - q)$$
$$\max\ (\mathbf{Max}\ q:\ 0 \leq q < n+1 \text{ and } up(q, n+1):\ n + 1 - q)$$

Würde der Wert des zweiten **Max**-Quantors in einer Variablen t stehen, könnte mit der Zuweisung s := s **max** t die Bedingung P_{n+1}^{n} hergestellt werden.

Wir verwenden daher eine neue, zusätzliche Invariante

Inv. P_1: $t = (\mathbf{Max}\ q:\ 0 \leq q < n \text{ and } up(q, n):\ n - q)$

P_{1n+1}^{n} entspricht dann dem zweiten **Max**-Quantor von P_{n+1}^{n}.

P_1 kann mit $t := 1$ initialisiert werden.

P_{1n+1}^n kann mit **if** $A_n < A_{n-1}$ **then** $t := 1$ **else** $t := t + 1$ hergestellt werden.

Das gesamte Programm hat die Invariante **P and P_1**:

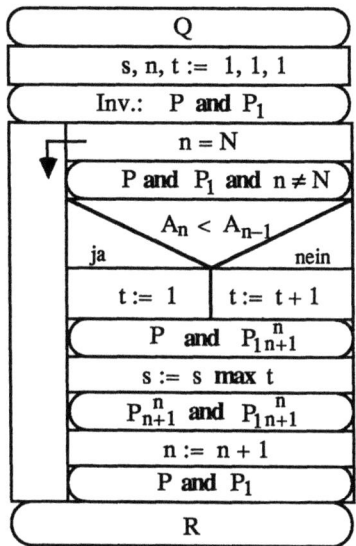

Lösungen zu 7.2.4:

1. Die Spezifikation der Zahlenumwandlung einer Dezimalzahl d in das binäre Zahlensystem lautet:

    Prec. Q: $D = d$ **and** $d \geq 0$
    Postc. R: $D = (\Sigma k : 0 \leq k < i : b_k * 2^k)$

Durch Kombinieren von Pre- und Postcondition erhält man die Invariante

    Inv. P: $D = d * 2^i + (\Sigma k : 0 \leq k < i : b_k * 2^k)$

Für $i = 0$ ist die Invariante mit der Precondition und für $d = 0$ mit der Postcondition identisch.

Bevor i mit $i := i + 1$ erhöht wird, muß d mit $d := d$ **div** 2 halbiert und b_i den Wert d **mod** 2 erhalten, um die Invarianz von P zu garantieren.

Ein entsprechendes Programm ist in Kapitel 11 (Invertieren) angegeben.

2. Diese Aufgabe ist invers zur Aufgabe 1. Man kann die gleiche Invariante verwenden.

Lösungen zu 8.:

1. wp(S, R) = **false** für alle Zusicherungen R bedeutet, daß man aus keinem einzigen Anfangszustand einen Endzustand erreichen kann. Das Programm S terminiert also nie. Es wird daher oft als abort bezeichnet. Ein Programm mit diesen Eigenschaften ist unter allen Umständen zu vermeiden.

Die Eigenschaften von wp sind erfüllt:

    1. wp(S, **false**) = **false**
    2. wp(S, P) **and** wp(S, Q) = **false and false** = **false** = wp(S, P **and** Q)

2. Eine Anweisung S, für die wp(S, R) = **true** für alle Zusicherungen R gilt, kann es nicht geben, denn für R = **false** würde wp(S, **false**) = **true** gelten, was im Widerspruch zur Regel des ausgeschlossenen Wunders stünde.

5. Die Umkehrung der Monotonie gilt nicht.

    Gegenbeispiel: S: $x := x * x$ P: $x \geq 9$ **or** $x < 0$ Q: $x \geq 9$

$$\text{wp}(x := x * x, x \geq 9) = (x \geq 3) \text{ or } (x \leq -3)$$

$$\text{wp}(x := x * x, x \geq 9 \text{ or } x < 0) = (x \geq 3) \text{ or } (x \leq -3)$$

6. Aus der umgangssprachlich formulierten Bedeutung von $H_i(R)$ folgt die Behauptung unmittelbar: In jedem Zustand, in dem die Schleife nach höchstens i Durchläufen die gewünschte Postcondition herstellt, wird auch nach höchstens j ($\geq$ i) Durchläufen die gewünschte Postcondition hergestellt.

Formal kann es folgendermaßen gezeigt werden:
Wir zeigen $H_i(R) \Rightarrow H_{i+1}(R)$ für $0 \leq i$. Daraus folgt mit der Transitivität der Implikation unmittelbar die Behauptung $H_i(R) \Rightarrow H_j(R)$ für $0 \leq i \leq j$.

Vollständige Induktion:
Induktionsanfang: $H_0(R) \Rightarrow H_1(R)$ gilt wegen

$$H_0(R) \Rightarrow (H_0(R) \text{ or } (\textbf{not } B \text{ and } \text{wp}(S, H_0(R))))$$

Induktionsschritt: wir wollen zeigen, daß aus der Induktionsannahme ($H_{i-1}(R)$ $\Rightarrow H_i(R)$) $H_i(R) \Rightarrow H_{i+1}(R)$ für i > 0 folgt.

Aus der Induktionsannahme $H_{i-1}(R) \Rightarrow H_i(R)$ folgt $wp(S, H_{i-1}(R)) \Rightarrow wp(S, H_i(R))$ wegen der Monotonieeigenschaft von wp. Daher gilt:

$$H_i(R) = H_0(R) \text{ or } (\text{not } B \text{ and } wp(S, H_{i-1}(R)))$$
$$\Rightarrow \text{ (Induktionsannahme und Monotonie von wp bzgl.} \Rightarrow\text{)}$$
$$H_0(R) \text{ or } (\text{not } B \text{ and } wp(S, H_i(R)))$$
$$= H_{i+1}(R)$$

7. Wegen $H_i(R) \Rightarrow H_{i+1}(R)$ gilt auch $H_{i+1}(R) = H_i(R) \text{ or } H_{i+1}(R)$ und wir erhalten:

$$H_{i+1}(R) = H_i(R) \text{ or } H_{i+1}(R)$$
$$= H_i(R) \text{ or } H_0(R) \text{ or } (\text{not } B \text{ and } wp(S, H_i(R)))$$
$$= H_i(R) \text{ or } (\text{not } B \text{ and } wp(S, H_i(R)))$$

8. $wp(\text{"while } n \neq N \text{ do } s, n := s + n, n + 1\text{"}, s = N(N+1)/2)$

$$= (\text{Ex } i : 0 \leq i : H_i(s = N(N+1)/2))$$

$H_0(s = N(N+1)/2) = (n = N) \text{ and } (s = N(N+1)/2)$
$H_1(s = N(N+1)/2) = ((n = N) \text{ and } (s = N(N+1)/2))$
$\qquad\qquad\qquad\qquad \text{ or } ((n \neq N) \text{ and } (n+1 = N) \text{ and } (s+n = N(N+1)/2))$

$H_i(s = N(N+1)/2)$
$= H_{i-1}(s = N(N+1)/2) \text{ or }$
$\qquad (n+i = N \text{ and } s + (\Sigma k : 0 \leq k < i : n+k) = N(N+1)/2)$
$= (\text{Ex } j : 0 \leq j \leq i :$
$\qquad (n+j = N) \text{ and } (s + (\Sigma k : 0 \leq k < j : n+k) = N(N+1)/2)))$
$= (\text{Ex } j : 0 \leq j \leq i : n+j = N)$
$\qquad \text{and } (\text{Ex } j : 0 \leq j \leq i : s + (\Sigma k : 0 \leq k < j : n+k) = N(N+1)/2)))$

$wp = (\text{Ex } i : 0 \leq i : H_i(s = N(N+1)/2))$
$\quad = (n \leq N) \text{ and } (\text{Ex } i : 0 \leq i : (s + (\Sigma k : 0 \leq k < i : n+k) = N(N+1)/2)))$

Wir erhalten einen etwas umfangreichen Ausdruck, der alle möglichen Initialisierungen der Schleife umfaßt, sodaß anschließend die Postcondition erfüllt ist.

Lösungen zu 9.3:

1. Diese "Optimierung" bringt nicht viel, denn die Hälfte aller Knoten sind Blätter. Von den restlichen Knoten sind wieder die Hälfte auf der vorletzten Ebene usw. Ein vorzeitiger Abbruch ist also nur in den allerwenigsten Fällen zu erwarten.

2. Die Invariante P von lift(j) ist die Heap-Bedingung Heap(i, j+1), die aber für einen einzigen Sohnknoten w nicht erfüllt sein muß.

P: (All v, s : $(i \leq v < s < j+1)$ and $(2v + 1 \leq s \leq 2v + 2)$: $a_v \geq a_s$ or $s = w$) and Perm(a, A)

Für $(w - 1)$ **div** $2 < i$ hat w keinen Vater im Intervall [i, j+1) und die Postcondition Heap(i, j+1) ist erfüllt.

3. Wird mit dem Programm lift(j) der Heap(0, N) aufgebaut, muß N mal lift(j) mit einem durchschnittlichen Aufwand von O(log N) ausgeführt werden. Der Gesamtaufwand ist dann auch für den Aufbau des Heaps von O(N log N).

Lösungen zu 10.:

1. $\quad$ wp(sqrt(2*b, w), $w \geq 5$)

   $= $ wp("z := 1; **while not** $(z+1)^2 > x$ **do** $z := z+1$", $(w \geq 5)_z^w)_{2*b}^x$

   $= $ wp("z := 1; **while not** $(z+1)^2 > x$ **do** $z := z+1$", $z \geq 5)_{2*b}^x$

   $= (x \geq 25)_{2*b}^x$

   $= (2*b \geq 25)$

2. Der Aufruf tausche(g, h) hat bezüglich der Postcondition R : $g \geq h$ folgende Precondition:

   Q: $(x = X$ **and** $y = Y)_{gh}^{xy}$ **and** (**All** u, v : $(y = X$ **and** $x = Y)_{uv}^{xy}$: $(g \geq h)_{uv}^{gh})$

   Q: $(g = X$ **and** $h = Y)$ **and** (**All** u, v : $(v = X$ **and** $u = Y)$: $(u \geq v))$

Der Bereich des All-Prädikats ist für genau einen Punkt (u, v) = (h, g) erfüllt, daher gilt: $\quad$ Q: $h \geq g$

3. Die Precondition Q für den Aufruf sqrt(b) bezüglich der Postcondition R: b = 4 kann mit der Prozedur-Regel für externe Variable bestimmt werden:

   Q: (**Ex** Y :: $(Y^2 \leq y < (Y+1)^2)_b^y$ **and** (**All** u : $(y = Y)_u^y$: $(b = 4)_u^b))$

   Q: (**Ex** Y :: $Y^2 \leq b < (Y+1)^2$ **and** (**All** u : u = Y : u = 4))

   Q: $16 \leq b < 25$

Anhang A: Lösungen der Aufgaben

Lösungen zu 12.:

1. Das Maximum kann genauso wie die Summe berechnet werden. Der binäre Operator + muß dabei durch den binären Operator **max** ersetzt werden. Ebenso wird der Quantor Σ durch **Max** ersetzt.

2. Bestimmt werden soll die Anzahl der Feldelemente a_i, die den Wert x besitzen.

   Postc. R: $s = (\textbf{Anz}\, i : 0 \leq i < N : a_i = x)$

R kann auch als $s = (\Sigma\, i : 0 \leq i < N \text{ \textbf{and} } a_i = x : 1)$ angeschrieben werden.

Mit der parallelen Anweisung

   $(\| \, i : 0 \leq i < N : \textbf{if } a_i = x \textbf{ then } h_i := 1 \textbf{ else } h_i := 0)$

h_i ist nach dieser Anweisung der O(1) genau dann 1, wenn $a_i = x$ gilt, sonst ist es 0. Mit sum(h) kann nun die gewünschte Anzahl berechnet werden.

Anhang B: Syntax der Zusicherungen

Die Syntax der Zusicherungen geben wir hier komplett in EBNF (Extended Backus Naur Form) an. Die rechten Seiten der Regeln definieren mit "::=" die Symbole der linken Seite. Auf der rechten Seite sind diejenigen Symbole, die nicht Bestandteil der Sprache der Zusicherungen sind, in spitze Klammern eingeschlossen. Diese Symbole treten in einer Regel auf der linken Seite auf, wo sie näher definiert werden. Das Symbol "|" trennt verschiedene Alternativen, es entspricht dem "entweder-oder". Die geschwungenen Klammern mit anschließenden Stern { ... }* schließen einen Teil ein, der beliebig oft hintereinander oder auch gar nicht vorkommen kann.

Zusicherung	::=	<Prädikat>
Prädikat	::=	**true** | **false** | <log.Operation> | <log.Quantor> | <Vergleich> | <Funktion> | (<Prädikat>)
log.Operation	::=	<Prädikat> <log.Operator> <Prädikat> | **not** <Prädikat>
log.Operator	::=	**and** | **or** | $\Rightarrow$ | $\Leftrightarrow$
log.Quantor	::=	(**All** <Indizes> : <Prädikat> : <Prädikat>) | (**Ex** <Indizes> : <Prädikat> : <Prädikat>)
Indizes	::=	<einf.Variable> { , <einf.Variable> }*
Vergleich	::=	<arithm.Ausdr.> <Vergl.Operator> <arithm.Ausdr.>| <Bereich>
Vergl.Operator	::=	> | < | = | $\neq$ | $\leq$ | $\geq$
Bereich	::=	<arithm.Ausdr.> <kl.Operator> <arithm.Ausdr.> { <kl.Operator> <arithm.Ausdr.> }*
kl.Operator	::=	< | $\leq$
arithm.Ausdr.	::=	<num. Konstante> | <Variable> | <Vorzeichen> <arithm. Ausdr.> | <arithm.Ausdr.> <arithm.Operator> <arithm.Ausdr.> | <arithm.Quantor> | <Funktion> | (<arithm.Ausdr.>)

Anhang B: Syntax der Zusicherungen

Vorzeichen	::=	+ | −
arithm.Operator	::=	+ | − | * | **div** | **max** | **min**
arithm.Quantor	::=	(<Qu.id.> <Indizes> : <Prädikat> : <Ausdruck>)
Qu.id	::=	Σ | Π | **Anz** | **Max** | **Min**
Variable	::=	<Bezeichner> | <indizierte Variable>
indizierte Variable	::=	<Bezeichner> <Feld-Indizes>
Feld-Indizes	::=	<arithm.Ausdr.> { , <arithm.Ausdr.> }*
Funktion	::=	<Bezeichner> (<Ausdruck> { , <Ausdruck> }*)
Ausdruck	::=	<arithm.Ausdr.> | <Prädikat>
Bezeichner	::=	<Buchstabe> { <Buchstabe> }*
Buchstabe	::=	a | b | c | ...
num.Konstante	::=	− {<Ziffer>}* | {<Ziffer>}*
Ziffer	::=	0 | 1 | 2 | 3 | 4 | 5 | 6 | 7 | 8 | 9

Anhang C: Verifikationsregeln und wp

Konsequenz-Regeln

Konsequenz-Regel
$$\frac{Q \Rightarrow Q' \, , \, \{Q'\} \, S \, \{R'\} \, , \, R' \Rightarrow R}{\{Q\} \, S \, \{R\}}$$

Konsequenz-Regel II

für Spezifikationen $\{U\} \, S \, \{V\}$ mit externen Variablen Y

$$\frac{\{U\} \, S \, \{V\}}{\{Q: (\mathbf{Ex} \, Y :: U \, \mathbf{and} \, (\mathbf{All} \, u : V_u^y : R_u^y))\} \, S \, \{R\}}$$

Leeranweisung skip:

skip-Axiom $\quad \{R\} \, \text{skip} \, \{R\}$

wp von skip $\quad \text{wp}(\text{skip}, R) = R$

Zuweisung:

Zuweisungsaxiom $\quad \{R_A^x\} \, x := A \, \{R\}$

wp der Zuweisung $\quad \text{wp}(x := A, R) = R_A^x$

Mehrfachzuweisung:

Zuweisungsaxiom für die Mehrfachzuweisung

$$\{R_{A_1 A_2 \ldots A_n}^{x_1 x_2 \ldots x_n}\} \quad x_1, x_2, \ldots, x_n := A_1, A_2, \ldots, A_n \quad \{R\}$$

$$\text{wp}("x_1, x_2, \ldots, x_n := A_1, A_2, \ldots, A_n", R) = R_{A_1 A_2 \ldots A_n}^{x_1 x_2 \ldots x_n}$$

Sequenz $S_1; S_2$

Sequenz-Regel
$$\frac{\{Q\} \, S_1 \, \{P\} \, , \, \{P\} \, S_2 \, \{R\}}{\{Q\} \, S_1; S_2 \, \{R\}}$$

Anhang C: Verifikationsregeln und wp

Sequenz-Regel II

$$\frac{Q \Rightarrow Q_1, \{Q_i\} \ S_i \ \{R_i\}_{1 \le i \le n}, R_i \Rightarrow Q_{i+1} \ _{1 \le i < n}, R_n \Rightarrow R}{\{Q\} \ S_1; S_2; \ldots; S_n \ \{R\}}$$

wp("S_1; S_2", R) = wp(S_1, wp(S_2, R))

Alternative:

if-Regel $\quad \dfrac{\{Q \text{ and } B\} \ S_1 \ \{R\} \ , \ \{Q \text{ and not } B\} \ S_2 \ \{R\}}{\{Q\} \ \text{if } B \text{ then } S_1 \text{ else } S_2 \ \{R\}}$

wp(if B then S_1 else S_2, R) = B and wp(S_1, R) or not B and wp (S_2, R)

Iteration:

while-Regel $\quad \dfrac{\{P \text{ and not } B\} \ S \ \{P\}}{\{P\} \ \text{while not } B \text{ do } S \ \{P \text{ and } B\}}$

gilt nur für partielle Korrektheit!

repeat-Regel $\quad \dfrac{\{P \text{ and not } B\} \ S \ \{P\}}{\{P \text{ and not } B\} \ \text{repeat } S \text{ until } B \ \{P \text{ and } B\}}$

gilt nur für partielle Korrektheit!

wp(while not B do S, R) = (**Ex** $i : 0 \le i : H_i(R)$)
 = $H_0(R)$ or $H_1(R)$ or ...

mit $\quad H_0(R)$ = B and R

$\quad H_i(R)$ = (B and R) or
 (not B and wp(S, $H_{i-1}(R)$))
 = $H_0(R)$ or (not B and wp(S, $H_{i-1}(R)$))

Prozeduren:

procedure p(in x; inout y; out z);
{U} S {V}

Prozedur-Regel I

$$\frac{\{U\}\ S\ \{V\}}{\{U^{xy}_{ab}\}\ p(a,\ b,\ c)\ \{V^{yz}_{bc}\}}$$

falls die aktuellen Parameter b und c verschiedene Namen haben.

Prozedur-Regel II

$$\frac{\{U\}\ S\ \{V\}}{\{U^{xy}_{ab}\ \text{and}\ I\}\ p(a,\ b,\ c)\ \{V^{yz}_{bc}\ \text{and}\ I\}}$$

falls I ein invariantes Prädikat mit $\{I\}\ p(a, b, c)\ \{I\}$ ist.

Prozedur-Regel III

$$\frac{\{U\}\ S\ \{V\}}{\{Q:\ U^{xy}_{ab}\ \text{and}\ (\textbf{All}\ u,\ v:\ V^{xyz}_{auv}:\ R^{bc}_{uv})\}\ p(a,\ b,\ c)\ \{R\}}$$

Prozedur-Regel III mit externen Variablen Y

$$\frac{\{U\}\ S\ \{V\}}{\{Q:\ (\textbf{Ex}\ Y::\ U^{xy}_{ab}\ \text{and}\ (\textbf{All}\ u,\ v:\ V^{xyz}_{auv}:\ R^{bc}_{uv}))\}\ p(a,\ b,\ c)\ \{R\}}$$

$$wp(p(a, b, c), R) = wp("x, y := a, b;\ S;\ b, c := y, z",\ R)$$

$$= wp(S,\ R^{bc}_{yz})^{xy}_{ab})$$

Parallele Programme

Regel für das Zusammensetzen von parallelen Programmen

$$\frac{\{Q_i\}\ S_i\ \{R_i\}\ _{0 \leq i < N}}{\{(\textbf{All}\ i:\ 0 \leq i < N:\ Q_i)\}\ (\|\ i:\ 0 \leq i < N:\ S_i)\ \{(\textbf{All}\ i:\ 0 \leq i < N:\ R_i)\}}$$

falls $(\text{verwendet}(Q_i) \cup \text{verwendet}(R_i)) \cap \text{verändert}(S_j) = \emptyset$ für $i \neq j$

Anhang D: Aufwand von Verfahren

Die Schreibweise O(f(n)) (sprich: Ordnung f von n)

Der Aufwand (Zeitaufwand, Speicheraufwand usw.) eines Verfahrens (Algorithmus) hängt häufig vom Umfang der Eingabedaten ab. Je nach Anzahl oder Größe (1, 2, 3, ..., n, ...) der Eingabedaten erhält man die Werte x_1, x_2, x_3, ..., x_n, ... für den Aufwand eines Verfahrens.

Um den Aufwand verschiedener Algorithmen vergleichbar zu machen, wird der Aufwand häufig durch eine Funktion f(n) angegeben, die das gleiche asymptotische Verhalten wie die Folge der Einzelaufwände x_1, x_2, x_3, ..., x_n, ... besitzt.

Man sagt, ein Verfahren ist von O(f(n)), wenn eine Konstante M (> 0) und ein Index n_0 existieren, sodaß

$$x_n \leq M * f(n) \quad \text{für alle } n \geq n_0 \text{ gilt.}$$

f(n) ist also ab einem Index n_0 zumindest so groß wie x_n (bis auf einen konstanten Faktor M). f(n) ist daher eine obere Schranke für den Aufwand eines Verfahrens. Der konstante Faktor M bewirkt, daß die Dauer eines Einzelschrittes keine Rolle spielt. Die Ordnung gibt also keinen absoluten Wert des Aufwandes an, sondern nur eine obere Schranke für das asymptotische Verhalten.

Ist ein Verfahren von O(n), dann hat es höchstens linearen Aufwand, und ein Verfahren von $O(n^2)$ hat höchstens quadratischen Aufwand. $O(n^k)$ ist die Ordnung eines polynomialen Aufwands und $O(e^n)$ bezeichnet einen exponentiellen Aufwand. O(1) bedeutet konstanter Aufwand.

Jedes Verfahren der Ordnung O(n) ist auch von $O(n^2)$, da n^2 eine noch größere Schranke als n ist. O(n) ist in diesem Sinne kleiner als $O(n^2)$.

Es gilt $\qquad O(f(n)) \leq O(g(n))$,

wenn jedes Verfahren der O(f(n)) auch von O(g(n)) ist.

Es gilt $\qquad O(f(n)) = O(g(n))$,

wenn $O(f(n)) \leq O(g(n))$ und $O(g(n)) \leq O(f(n))$ gilt.

Es gilt $\quad O(f(n)) < O(g(n))$,

wenn $O(f(n)) \leq O(g(n))$ und $O(f(n)) \neq O(g(n))$ gilt.

f(n) ist dann von niedrigerer Ordnung als g(n) und g(n) ist von höherer Ordnung. Um eine präzise Aufwandsangabe machen zu können, gibt man bei Verfahren stets eine möglichst niedrige Ordnung an.

Es gilt zum Beispiel:

$O(1) < O(\log n) < O(n) < O(n*\log n) < O(n^2) < O(n^3)$

$O(n^k) < O(e^n)$

Ein konstanter Faktor c kann stets weggelassen werden:

$O(c * f(n)) = O(f(n))$

In einer Summe von Funktionen genügt die Angabe der höchsten Ordnung:

$O(a_0 + a_1 n + ... + a_k n^k) = O(n^k)$

Literaturverzeichnis

D. E. Knuth
The Art of Computer Programming, Vol I, II
Addison-Wesley, Reading, Mass., 1968/69

E. W. Dijkstra
A Discipline of Programming
Prentice-Hall, Englewood Cliffs, N. J., 1976

D. Gries
The Science of Programming
Springer-Verlag, Berlin-Heidelberg-New York, 1981

J. J. van Amstel
Programmieren: Die Entwicklung von Algorithmen in PASCAL
Addison-Wesley Verlag (Deutschland), Bonn, 1985

E. W. Dijkstra / W. H. J. Feijen
Methodik des Programmierens
Addison-Wesley Verlag (Deutschland), Bonn, 1985

R. C. Backhouse
Program Construction and Verification
Prentice-Hall, Englewood Cliffs, N. J., 1986

Sachverzeichnis

Abbruchbedingung 61
Abstraktion 130
Algorithmentheorie 46
All-Quantor 24
Alternative 49, 59, 97
and 22
Anfangsbedingung 10, 36
Anz-Quantor 27
Assertion 19
Aufgabenstellung 10
Aufwand von Verfahren 9, 66, 117, 125, 129, 155, 157, 177
Axiomatische Semantik 49

Bereich 24
Binäre Suche 110, 159
Boolesche Ausdrücke 22
build 115

Compiler 45
Consequence rule 50

Disjunkte Parallelität 149
div 22
Dokumentation 19
Durchgangsparameter (**inout**) 130

Eingangsparameter (**in**) 130
Endbedingung 10, 36
Endlosschleife 34
Ergebnisparameter (**out**) 130
Euklidscher Algorithmus 69
Existenz-Quantor 25
Externe Variable 39

false 23
Feld 24
Fermat, Pierre de 44
Feste Variable 37

Fibonacci-Zahlen 143

Großer Fermat 44
Größter gemeinsamer Teiler 29

Halde 112
Heap 112, 114
Heapsort 119
Hoare-Logik 37
Hofstadter, Douglas R. 16

if-Anweisung 59
if-Regel 59, 175
Implikation $\Rightarrow$ 52
Index 24
Inference rule 50
Initialisierung 77
Interface 47
Invariante 10, 61
Invertieren 142
Iteration 49, 61, 97

Kombinieren von Pre- und Postcondition 80, 88
Konsequenz-Regel 50, 138, 174
Konstante durch Variable ersetzen 79, 84
Korrektheit 2
Kursgewinn bei Wertpapieren 126

Leeranweisung 94
lift 119
Linearer Programmtext 37
Logischer Operator 22

Matrixmultiplikation 156
max 23
Max-Quantor 30
Mehrfachzuweisung 55, 95

Mengenlehre 33
min 23
Min-Quantor 30
Mischen zweier Karteikartenstapel 6
MIU-System 16
mod 22
MU-Rätsel 16

Nebenwirkung 131
Nichtdeterministisches Programm 35
not 22

Operator 22
or 23
Ordnung von Verfahren 109, 117, 125, 129, 157, 177

Parallele Programme 149
   - Zusammensetzen von 150
   - Regel für das Zusammensetzen 151, 176
Parameter 130
Partielle Korrektheit 62
Permutation 28
Postcondition 10, 36
Potenzieren 65
Prädikatenlogik 21, 33
Prädikatentransformation 100
Precondition 10, 36
Predicate transformer 100
Programmabsturz 34
Programmentwicklung 4
Programmzustand 31
Prozedur 130
Prozeduraufruf 132
Prozedurdeklaration 130
Prozedurname 130
Prozedurregel 132, 176
Prozedurrumpf 130
Pythagoräische Zahlentripel 44

Quantor 24
Quicksort 159

Rätselaufgaben 15
repeat-Regel 68, 175
repeat-Schleife 67

Schleife 61
Schleifenrumpf 61
Schlußregel 50
Schnittstelle 47, 131
Schwächste Precondition 90
Selbstdefinierte Prädikate 28
Semantik 35, 49, 100
Sequenz 49, 56, 96
Sequenz-Regel 56, 174
Sideeffect 131
sift 115
Skalarprodukt 156
skip 94
Sortieren durch Aufteilen 159
Sortieren durch direktes Einfügen 108
Sortieren durch Minimumsuche 109
Sortieren durch Mischen 12
Sortieren von Feldern 106
sortiert 28
Spezifikation 10, 36
Spezifikation des Prozedurrumpfes 136
Struktogramm 8, 49
Summe der Elemente eines Feldes 151
Summenquantor Σ 26
Summenvektor 150

Teilbarkeit 29
Termination 12, 37, 72, 103
Terminationsfunktion 74
Testen 3
Totale Korrektheit 62
true 23

Umkehren der Reihenfolge der Elemente eines Feldes 88
Unberechenbares Problem 46
Unterprogramm 130

Variable 31
Variablen-Parameter (var) 137
Variante 74
Vergleichsoperator 22
Verification rule 49
Verifikation mit wp 93
Verifikationsregel 49, 174
Verifizieren 3

Weakest precondition (wp) 90, 174
  - Eigenschaften 101
Weglassen einer Bedingung 79, 80
Weinpantschen 15
while-Regel 62, 175
while-Schleife 61
Widersprüchliche Spezifikation 45
wp der Alternative 97, 175
wp der Iteration 97, 175
wp der Leeranweisung 94, 174
wp der Mehrfachzuweisung 95, 174

wp des Prozeduraufrufs 133, 176
wp der Sequenz 96, 175
wp der Zuweisung 94, 174

Zusicherung 19, 31
  - Syntax der Zusicherungen 172
Zustand 31
Zustandsraum 31
Zuweisung 54, 94, 174
Zuweisungsaxiom 54, 174

Springers Angewandte Informatik

Herausgegeben von Helmut Schauer

Computerunterstütztes Konstruieren

Gert Reinauer

1985. 30 Abbildungen. IX, 235 Seiten.
Geheftet DM 64,—, öS 448,—
ISBN 3-211-81873-1

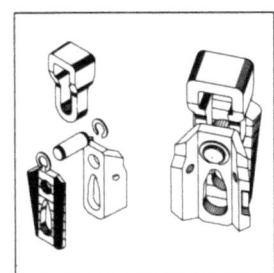

Die CAD/CAM-Technologie hat dem Computereinsatz im Ingenieurwesen zum Durchbruch verholfen. Der große Gewinn liegt im vollen Ausschöpfen seines Potentials bei Variantenkonstruktion, Festigkeitsberechnung, Fertigungssteuerung, Stücklistenerstellung, Angebots- und Rechnungswesen usw. — sogar für den mittleren und kleinen Betrieb.
Das Buch zeigt, wie diese Herausforderung erfolgreich zu bewältigen ist. Dadurch ist es als Leitfaden unentbehrlich.

Graphische Datenverarbeitung

Werner Purgathofer

Zweite, verbesserte Auflage

1986. 133 Abbildungen. XI, 201 Seiten.
Geheftet DM 59,—, öS 420,—
ISBN 3-211-81954-1

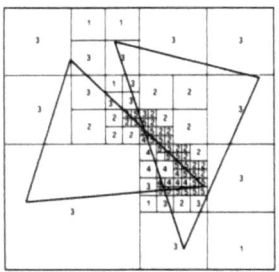

Dieses Buch deckt offensichtlich einen Bedarf nach einem fundierten Überblick über das Gebiet der graphischen Datenverarbeitung, denn diese neue Auflage wurde nur kurze Zeit nach dem Erscheinen des Buches notwendig. Es erläutert eingehend die Grundbegriffe der GDV-Komponenten, Anwendungen, Ergonomie, graphische Programmierung, mathematische Grundlagen und Algorithmen. Sicher haben auch leichte Lesbarkeit und Verständlichkeit zum Erfolg dieses Werkes beigetragen.

Preisänderungen vorbehalten

Springer-Verlag Wien New York

Springers Angewandte Informatik
Herausgegeben von Helmut Schauer

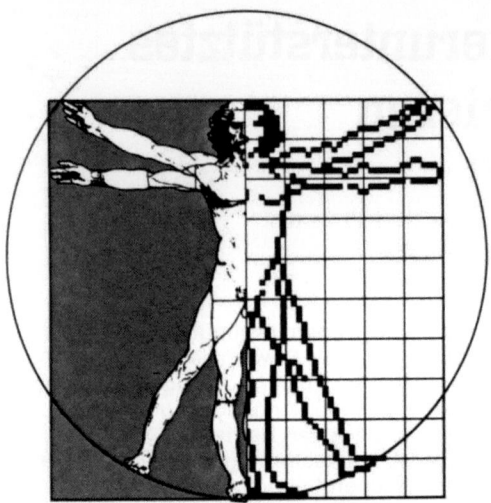

Mensch-Maschine-Schnittstelle in Echtzeitsystemen

Veith Risak

1986. 37 Abbildungen. IX, 171 Seiten.
Geheftet DM 70,—, öS 490,—. ISBN 3-211-81943-6

Preisänderungen vorbehalten

Mensch-Maschine-Schnittstellen (MMS) gibt es, seit der Mensch Werkzeuge und Maschinen benützt. Das begann einst mit Faustkeil, Pfeil und Bogen und reicht heute bis zur Steuerung komplexer Industrieprozesse und Nachrichtennetze.
Von charakteristischen Unterschieden zwischen Mensch und Maschine ausgehend, werden Forderungen an die MMS abgeleitet, und zwar nicht nur für den Normalbetrieb, sondern auch für das Verhalten im Fehlerfall. Der Autor geht auch auf psychologische Fragen ein, die für die Akzeptanz der MMS oft entscheidend sind.
Zur Klarstellung der grundlegenden Problematik der MMS werden nicht nur Schnittstellen zu rechnergesteuerten Systemen behandelt, sondern — am Rande — auch ganz alltägliche MMS, wie z. B. beim Fahrrad, beim Auto oder bei einer Stereoanlage.

Springer-Verlag Wien New York

Springers Angewandte Informatik
Herausgegeben von Helmut Schauer

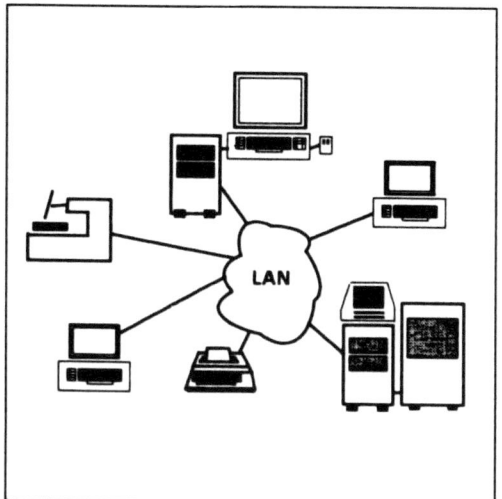

Lokale Computernetze – LAN
Technologische Grundlagen, Architektur, Übersicht und Anwendungsbereiche

Karl Heinz Kellermayr

1986. 116 Abbildungen. VIII, 255 Seiten.
Geheftet DM 69,—, öS 485,—. ISBN 3-211-81964-9
Preisänderungen vorbehalten

Lokale Computernetze spielen in den Bereichen Büroautomation, Automatisierungstechnik, verteilte Datenverarbeitung eine immer wichtigere Rolle. Dieses Buch führt — ausgehend von einem neuen ganzheitlich-systemtechnischen Ansatz — in die Problematik ein. Die überaus große Vielfalt alternativer LAN-Konzepte wird anhand des ISO-7-Schichtenmodells und der IEEE-802-Referenzmodelle übersichtlich dargestellt. Der Systemarchitekt kann dadurch verschiedene Entwurfsmöglichkeiten miteinander vergleichen.
Professionellen Benützern oder Betreibern von betriebsinternen Kommunikationsnetzen sowie Studenten der Fachrichtungen Informatik, Nachrichtentechnik oder Elektronik wird eine wertvolle Übersicht über wesentliche technologische Komponenten, funktionelle Wirkungsweisen, architektonische Gestaltungsprinzipien und typische Anwendungsbereiche lokaler Computernetze vermittelt.

Springer-Verlag Wien New York

Springers Angewandte Informatik

Herausgegeben von Helmut Schauer

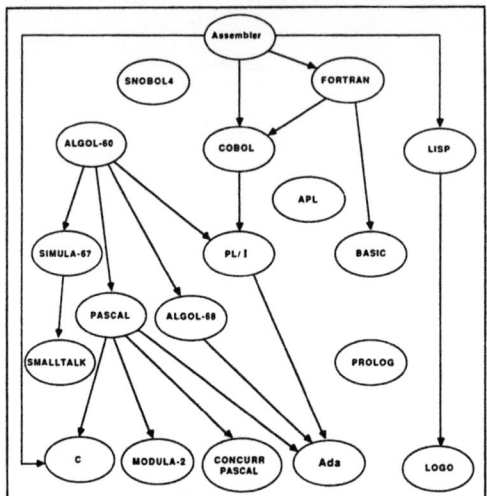

Konzepte der Programmiersprachen

Helmut Schauer/Georg Barta

1986. 37 Abbildungen. VIII, 186 Seiten.
Geheftet DM 64,—, öS 448,—. ISBN 3-211-81865-0

Preisänderungen vorbehalten

Anstatt wie üblich Programmiersprachen zu beschreiben und gegebenenfalls zu vergleichen, gehen die Autoren in diesem Buch „quer durch die Sprachlandschaft": sie schälen deren gemeinsame Konzepte heraus und illustrieren sie mit typischen Beispielen.
Dazu ziehen sie neben gängigen Sprachen wie FORTRAN, BASIC, COBOL, PL/1 und PASCAL auch weniger verbreitete heran, unter anderem LISP, ALGOL 60 und ALGOL 68, ADA, MODULA-2, CONCURRENT PASCAL und LOGO.
Durch die besondere Anlage dieses Buches können jetzt die Eigenschaften, Einsatzmöglichkeiten und Entwicklungstrends der verschiedenen Programmiersprachen mühelos verglichen und überblickt werden, ohne daß man sich durch dicke Handbücher quälen muß.
Ein idealer Wegweiser durch die Sprachenvielfalt. Für Studenten, Lehrer, EDV-Profis und -Einsteiger.

Springer-Verlag Wien New York

Springers Angewandte Informatik

Herausgegeben von Helmut Schauer

Software-Schutz

Rechtliche, organisatorische und technische Maßnahmen

Ernst Piller/Albert Weißenbrunner

1986. 35 Abbildungen. VIII, 202 Seiten.
Geheftet DM 70,—, öS 490,—. ISBN 3-211-81966-5

Preisänderungen vorbehalten

Die enorme Zunahme illegaler Software-Benützung und des Software-Diebstahls führte zu einem großen Interesse an wirksamen Software-Schutzmethoden.
In diesem Buch werden praxisorientiert die rechtlichen, organisatorischen und technischen Maßnahmen dargestellt und durch Beispiele illustriert. Der Leser lernt die bekanntesten Schutzmethoden kennen, bewerten und anwenden.
Unter anderem werden behandelt: Urheberrechts- und Patentschutz, Software-Anpassung, Kundendienst, Schutz des Sourcecodes, Paßworttechniken, Fingerabdruckabtastung, Auswertung der Handschrift, Chipkarte, Kopierschutz, Software-Verschlüsselung usw.

Springer-Verlag Wien New York

Springers Angewandte Informatik
Herausgegeben von Helmut Schauer

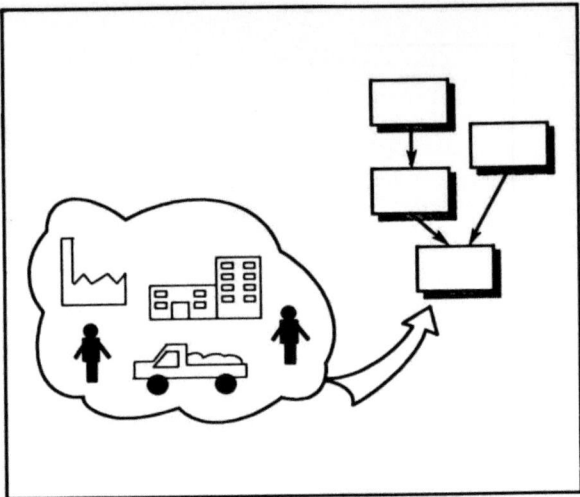

Datenbank-Design
Hermann Kudlich

1988. 177 Abbildungen. VIII, 176 Seiten.
Geheftet DM 52,—, öS 364,—. ISBN 3-211-82018-3

Preisänderungen vorbehalten

Information als wettbewerbsbestimmende, strategische Unternehmensressource erfordert zunehmend den Einsatz hochwertiger Informationstechnologien. Um jedoch nicht in einem Meer von Daten zu ertrinken, ist es notwendig, Zusammenhänge und Strukturen der Daten zu erkennen und in eine Ordnung umzusetzen. Die Datenbank als Ergebnis dieses Prozesses ist somit ein auf die Ebene der Datenverarbeitung projiziertes Abbild des Unternehmens.
Dieser Sachverhalt wird durch eine allgemein verständliche Darstellung in Verbindung mit praxisnahen, zum Teil alltäglichen Beispielen erklärt.
Alle am Entwurf von Datenbanken Beteiligten, ob Systemspezialisten oder Endbenutzer, werden mit Methoden und Regeln der Datenbank-Modellierung vertraut gemacht. Da sich der Entwurf von Datenbanken in der ersten Phase auf einer logischen, systemunabhängigen Ebene abspielt, werden Interessenten aus der PC-Welt gleichermaßen wie Anwender großer, komplexer Datenbanksysteme, ob relational oder netzwerkartig organisiert, angesprochen.

Springer-Verlag Wien New York

MIX
Papier aus verantwortungsvollen Quellen
Paper from responsible sources
FSC® C105338

If you have any concerns about our products,
you can contact us on
ProductSafety@springernature.com

In case Publisher is established outside the EU,
the EU authorized representative is:
**Springer Nature Customer Service Center GmbH
Europaplatz 3, 69115 Heidelberg, Germany**

Printed by Libri Plureos GmbH
in Hamburg, Germany